강철의지

An Iron Will

강철 같은 의지의 힘이 이루어낸 성공의 법칙

강철의지

오리슨 스웨트 마든 지음 | 한상연 옮김

오늘의책

강철의지

강철 같은 의지의 힘이 이루어낸 성공의 법칙

1판 1쇄 | 2010년 10월 31일 펴냄

지은이 | 오리슨 스웨트 마든
옮긴이 | 한상연

기획편집 | 김윤곤
디자인 | 조세준
마케팅 | 정복순
관리 | 안상희

펴낸이 | 박영철
펴낸곳 | 오늘의책
출판등록 | 제10-1293호(1996년 5월 25일)
주소 | 121-839 서울시 마포구 서교동 377-26번지 1층
전화 | 02-322-4595~6
팩스 | 02-322-4597
이메일 | tobooks@naver.com

ISBN 978-89-7718-318-6 03320

왜 《강철의지》인가?

세련되고 화려한 언변으로 독자를 유혹하는 수많은 자기계발서가 나오고 있는 요즘 100년 전에 나온 이 책은 우리에게 어떤 가치가 있을까?

오늘날 한국 사회를 살아가는 보통 사람들의 삶은 팍팍하기 그지없다. 특히 젊은 세대는 더욱 그렇다. 10명 가운데 8명은 대학 졸업하는 요즘 젊은 세대는 학점과 스펙의 틈바구니에서 헤매고 졸업 후에는 청년 실업자로 인생의 황금기를 허비해야 한다. 더구나 남들이 부러워할 만한 '신의 직장'에 들어가는 것은 거의 불가능에 가깝다. 어느 장관 딸의 특채 사건에서 드러났듯 괜찮은 직장, 좋은 자리는 이른바 '돈 있고 빽 있는 지도층 인사'의 자녀가 온갖 편법을 통해 차지한지 오래다. 이런 현실을 보고 누구나 분노하지만 막상 자기가 특혜를 누릴 기회가 오면 마다할 사람은 없을 것이다. 그만큼 현실이 절박하고 어렵기 때문일 것이다.

어렵게 취업에 성공했다고 하자. 능력이 남달리 뛰어나거나 운이 아주 좋은 사람을 제외하고는 비정규직 비율 OECD 1위를 자랑하는 국가에서 900만 명에 육박하는 비정규직의 일원으로 살아갈 가능성이 높다. 그나마 중소기업이라도 꾸준히 다닐 수 있으면 모르겠으나 마흔이 넘으면 이른바 '명예퇴직' 압력에 시달리기 십상이다. 비정규직의 비율이 다른 연령대에 비해 20대와 50에서 압도적으로 높다는 사실이 이런 현실을 잘 반영한다. 게다가 결혼과 출산, 주택, 자녀 교육, 노후 대책 등 혼자 힘으로는 해결할 엄두가 나지 않는 문제가 첩첩산중이다. 주변을 보라. 마흔이 가까운데 결혼하지 못한 사람, 자녀 교육비가 무서워 아이를 아예 낳지 않는 사람이 즐비할 것이다.

이렇게 살아가기 힘든 한국 사회에서 보통 사람들이 의지할 만한 게 뭐가 있을까? 국가, 회사? 어림도 없다. 못살게 괴롭히지나 않으면 다행이다. 그러면 가족은? 1997년 IMF 사태 이후 가족이라는 울타리는 무너져버렸다. 지금의 부모 세대들이 젊은 시절엔 실패하더라도 부모나 형제 등 가족의 도움으로 다시 일어설 수 있었다. 그런데 지금은? 일부 극소수 부유한 가정을 빼곤 평범한 가정은 말 그대로 나 혼자 먹고살기도 힘들어 가까운 가족에게 눈 돌릴 여력조차 없다. 일자리를 두고 경쟁하지 않으면 그나마 다행인 게 현실이다.

이렇게 험난한 현실 앞에서 누굴 믿어야 하는가? 믿을 것이라고는 나 자신밖에 없다. 나의 능력과 의지, 말 그대로 '강철의지'만이 그나마 버팀목이 될 수 있는 것이다. 사실 모든 책임과 부담을 혼자 떠맡아 자기 의지 하나만 믿고 세상을 헤쳐나간다는 것은 어찌 보면 말이 안 될 수도 있지만 어쩌겠는가? 현실이 그런 것을. 그래서 이

책《강철의지》를 새삼스럽게 다시 들여다봐야 하는 것이다.

이 책의 저자 오리슨 스웨트 마든은 비록 100년 전의 인물이지만 가난을 딛고 당대 최고의 기업가이자 복음전도사가 되었다. 세 살과 일곱 살 때 부모를 잃고 세상에 내몰려 얻어맞고 굶어가며 안 해본 일이 없었다. 갖은 고생 끝에 성공을 길을 걸었으나 그 과정도 순탄하지 않아 사업이 망하는 일이 밥 먹듯 벌어졌다. 그러나 불굴의 의지와 긍정적인 자세를 갖고 있다면 주어진 환경을 극복하고 마음먹은 일을 해낼 수 있다는 신념으로 무장한 마든은 딛고 일어섰다. 이후 잡지 〈석세스〉를 창간해 절망적인 가난과 끊임없는 시련에 굴하지 않고 결국에는 인생을 신념으로 이끈 사람들에 관한 이야기를 널리 알려나갔다. 이 책《강철의지》에서 마든은 인간이 의지로 이뤄낼 수 있는 일에는 한계가 없다는 사실을 강조하고 있다. 또한 시련에 굴복하지 않고 의지를 단련할 때 성공이 다가온다고 수많은 예를 들어 보여준다. 이 책의 내용은 화려하지도, 새롭지도 않다. 그러나 아무리 세월이 흘러도 단순하면서도 분명한 삶의 자세를 우리에게 전해주기에 그 울림은 더없이 크다.

팍팍한 현실과 불안한 미래에 걱정이 앞서는 지금, 이 책으로 의지를 가다듬고 위안을 얻기를 바란다.

차례

강철의지

An Iron Will

CHAPTER 1

강철의지의 힘

삶의 주인공이 되어라.

영원히 이어지는 눈길 위에 발자국을 남겨라.

칠흑 같은 어둠의 장막을 뚫고

환한 밝음으로 가는 길을 개척하라

— 파크 벤자민(Park Benjamin, 1849~1922, 미국 작가)

미국의 시인이자 수필가인 랄프 왈도 에머슨(Ralph Waldo Emerson, 1803~1882)은 "의지의 단련이 우리의 존재 목적"이라고 말했다. 이 말은 영국의 철학자이자 경제학자인 존 스튜어트 밀(John Stuart Mill, 1806~1873)의 "인격이란 완벽하게 다듬어진 의지"라는 말과도 일맥상통한다.

인생에서 성공하려면 의지를 기르고 단련하는 일이 무엇보다 중요하다고 흔히 말한다. 그러나 아무도 의지의 힘을 완벽하게 파악할 수 없다. 의지는 영성을 띠며 무언가를 창조해내는 힘이 있다. 하느님이 "빛이 있어라"고 하며 빛을 창조한 것처럼 인간의 의지도 무에서 유를 창조하는 능력이 있다. 자기의 의지에 따라 선택하고 결정하고 창조한 인물은 인류 역사에 길이 남을 업적을 쌓았다. 19세기 영국에서 노예무역 폐지안을 통과시킨 윌리엄 윌버포스(William Wilberforce, 1759~1833), 노예해방운동에 헌신한 윌리엄 개리슨

19세기 영국에서 노예무역 폐지안을 통과시킨 윌리엄 윌버포스(위 왼쪽), 노예해방운동에 헌신한 윌리엄 개리슨(위 가운데), 고무공업의 기초를 닦은 찰스 굿이어(위 오른쪽), 대서양을 횡단하는 해저 통신케이블을 최초로 부설한 사이러스 필드(아래 왼쪽), 독일의 통일을 완성한 철혈재상 비스마르크(아래 가운데), 미국 남북전쟁의 영웅 율리시스 그랜트(아래 오른쪽). 이들은 유연할 땐 유연하고 단호할 때는 단호한 강철 같은 의지로 시련에 굴복하지 않고 이겨냈기에 역사에 이름을 남길 수 있었다.

(William Lloyd Garrison, 1805~1879), 고무공업의 기초를 닦은 굿이어(Charles Goodyear, 1800~1860), 대서양에 해저 통신케이블을 최초로 부설한 사이러스 필드(Cyrus West Field, 1819~1892), 독일의 통일을 완성한 철혈재상 비스마르크(Otto von Bismarck, 1815~1898), 그리고 미국 남북전쟁의 영웅 율리시스 그랜트(Ulysses S. Grant, 1822~1885) 등을 보라. 모두 유연할 때는 유연하고 단호할 때는 단호한 의지로 시련에 굴복하지 않았기에 지금도 전해지는 훌륭한 이름을 남겼다. 떠오르는 해를 밧줄로 붙잡아 맬 수 없고 밀려오는 파도를 두 손으로 막아낼 수 없듯이 이들의 의지를 꺾을 수 없었다.

성공하는 사람보다 실패하는 사람을 더 쉽게 만날 수 있다. 배움과 능력이 모자라서일까? 아니다. 확고한 결심과 끈질긴 의지가 부족해서 그런 것이다.

미국의 자선사업가인 샤먼(Charlotte Sharman, 1832~1929)은 "다양한 사람을 만나며 돌아다녀보니 얼마나 의지력을 단련해서 올바르게 발휘했는가에 따라 인생의 성공 여부가 결정된다는 사실을 깨달았다"며 의지력의 중요성을 강조했다. 젊을 때부터 의지력을 기르는데 힘쓸 필요가 있다.

요즘은 스포츠 경기가 열리지 않는 날이 없다. 누구나 알고 있듯이 선수가 성공하려면 적절한 훈련을 통해 의지력을 길러야 한다. 제1회 아테네 올림픽에서 마라톤 경기는 의지력이 무엇인지를 보여주는 좋은 예이다. 그리스의 양치기 출신 우승자 스피리돈 루이스(Spiridon Louis, 1873~1940) 이야기이다.

불굴의 의지로 승리한 스피리돈 루이스

스피리돈 루이스는 남에게 과시하듯 요란하게 훈련하지 않았다. 고향 마을에서 그저 조용히 훈련에 몰두했지만, 결국에는 전 세계에서 모인 관중 앞에서 그리스에 승리를 안겨주었다. 당시 그가 선두에서 다른 선수를 멀찌감치 제칠 만큼 빨리 달렸기 때문에 돋보였던 것은 아니다. 불굴의 의지력을 발휘했기 때문이다. 마라톤 경주가 벌어지던 날, 날씨는 무척 더웠다. 많은 선수가 초반부터 무리해서 속도를 내다가 줄줄이 쓰러져 실려 나갔다. 루이스도 그만두고 싶은 유혹을 느꼈지만 결코 포기하지 않았다. 오히려 경주 후반부로 갈수록 속도를 높였다. 사실 그의 우승을 예견한 사람은 아무도 없었다. 예선 탈락 후 우여곡절 끝에 간신히 출전한 선수에게 완주 이상의 무엇을 기대했겠는가? 그러나 루이스는 어렵게 출전한 대회였기에 의지력으로 버티며 거침없이 달렸고, 결국 제1회 올림픽 마라톤 우승자로 역사에 이름을 남겼다.

루이스가 대회를 앞두고 고향 아마루시(Amarussi)의 오두막집을 나설 때 연로한 아버지가 당부했다. "스피리돈아, 꼭 이겨서 돌아오거라." 젊은 루이스의 눈은 아버지의 바람을 이루고 말겠다는 굳은 의지로 반짝거렸다. 마라톤 대회 날이 되자 루이스의 아버지는 아들이 꼭 이길 것이라고 굳게 믿으며 세 딸과 함께 발걸음을 재촉하여 아테네로 향했다. 아테네에 도착하여 주경기장을 찾은 루이스의 아버지와 누이 셋은 운집한 관중 사이를 힘들게 뚫고 결승선 쪽으로 한 걸음 한 걸음 나아갔다. 당연히 루이스가 선두에 서서 달리기를 기대했다. 그때 열광한 관중이 함성을 지르기 시작했다. 중요한 순간이 다가온 것이다. 저 멀리서 결승선을 향해

달려오는 선수가 있었다. 처음에는 까만 점 만하던 사람이 점점 커져 얼굴을 알아볼 수 있을 정도가 되었을 때 루이스의 아버지 눈에는 낯익은 얼굴이 들어왔다. 그렇다! 루이스가 선두였던 것이다. 그 뒤에는 아무도 보이지 않았다. 아버지의 눈시울이 뜨거워지기 시작했다. 아들이 정말로 '이겨서 돌아온 것일까?'

당당하게 승리한 이 젊은 양치기를 향해 관중들은 함성을 지르며 몰려들었다. 참으로 장관이 아닐 수 없었다. 모두 흥분에 겨워 루이스에게 찬사를 아낌없이 쏟아부었다. 잘생긴 총각 선수이다 보니 특히 여성의 환호가 대단해서 사정없이 꽃다발 세례를 퍼부었다. 어떤 여자는 손목에 차고 있던 시계를 건네주었다. 보석 장식이 박힌 값비싼 향수병을 던져준 미국 여성까지 있었다. 그리스 왕실의 왕자들도 감격에 겨운 나머지 그와 함께 마지막 운동장 한 바퀴를 돌았고, 국왕은 왕실의 예절을 무시하고 친히 거수경례까지 했다. 모두 하나가 되어 루이스의 승리를 기뻐했다.

그러나 루이스가 절실히 원했던 것은 이러한 찬사와 환호, 경의가 아니었다. 그의 시선은 줄지어 늘어선 왕족과 예

1896년 제1회 아테네 올림픽에서 스피리돈 루이스는 2시간 58분 50초의 기록
으로 마라톤 최초의 우승자가 되었다. 그의 강철의지가 마라톤 우승이라는 결과
를 안겨주었다.

쁜 아가씨, 손을 뻗으며 환호하는 동포 그리스인, 박수갈채
를 보내는 외국인을 죽 훑으며 지나치기만 하다, 어느 순간
한 노인에게로 향했다. 늙은 몸을 힘겹게 가누며, 흥분과 기
쁨에 휩싸인 관중 사이를 겨우 빠져 나오던 노인! 바로 그의
아버지였다. 마침내 아버지와 눈이 마주친 루이스의 얼굴은
환해졌다. 아들을 껴안으려고 팔을 활짝 벌리고서 다가온
아버지에게 루이스는 담담한 말투로 말했다. "아버지, 보셨
지요. 말씀하신 대로 해냈습니다."

이 순간 루이스의 머리에는 여러 생각이 떠올랐다. 군인
시절 숨넘어가는 줄도 모르고 왕복 22킬로미터를 달려 상관
의 안경을 가져다주었던 일, 마라톤 예선에서 탈락한 뒤 양
떼를 몰고 산을 오르내리며 더 악착같이 훈련에 몰두했던
일, 그리고 경기 초반 선두 그룹에 한참 뒤쳐져 달리다 음료
대에서 만난 삼촌에게 우승할 수 있다고 일부러 큰소리치
며 의지를 다잡았던 일이 주마등처럼 머리를 스치고 지나
갔다.

의지도 훈련이 필요하다

마라톤 선수가 연습을 게을리 한다면 기록 경신은 고사하고 완주조차 어렵게 된다. 우리도 인생이라는 마라톤 경기를 무사히 완주할 수 있도록 꾸준히 의지를 단련해나가야 한다.

미국 작가이자 교육자인 매튜스(James Brander Matthews, 1852~1929) 교수는 "하루, 일주일, 한 달 단위 계획을 짜임새 있게 세워놓고 정신 집중을 통한 의지력 강화 훈련을 꾸준히 한다면 아무리 막연하고 복잡하며 보기 드문 문제에 부딪힌다 해도 얼마든지 해결할 수 있는 힘이 길러진다. 하지만 이렇게 의지력을 자기 뜻대로 적절하게 발휘할 수 있는 능력, 즉 자기 제어능력을 충분히 기르는 데에는 시간이 많이 걸린다. 타고난 자질이 어떤가에 따라 사람마다 크게 차이가 나기도 한다. 그러나 일단 일정한 수준에 오르기만 하면 기울인 노력 이상의 것을 얻을 수 있다"고 의지력을 강화하기 위한 훈련에 대해 말했다.

영국의 생물학자이자 문필가인 헉슬리(Thomas Henry Huxley,

1825~1895) 역시 비슷한 말을 했다. "우리가 교육을 통해서
반드시 달성해야 하는 목표 중 하나는 좋든 싫든 마땅히 해
야 하는 일을 제때 해내는 능력을 기르는 것이다. 이것은 가
장 먼저 배워야 하고 오랜 시간 동안 철저하게 배워야 하는
최고의 교육 목표이다."

집중해서 한 번에 끝내라

미국의 신학자이자 사회개혁가인 헨리 워드 비처(Henry
Ward Beecher, 1813~1887)는 다른 사람보다 훨씬 많은 일을 해
내는 비결이 무엇이냐는 질문에 "저는 다른 사람보다 일을
더 많이 하는 게 아니라 사실 더 적게 합니다. 사람들이 일
하는 모습을 보면 보통 세 번에 걸쳐 합니다. 우선 본격적으
로 시작하기 전에 미리 생각하느라 한 번, 실제로 그 일을 하
느라 한 번, 나중에 다시 검토하느라 한 번, 이렇게 세 번 말
입니다. 그러나 저는 그러지 않습니다. 그냥 한 번에 끝내고
맙니다. 다만 최대한 집중해서 하려고 노력할 뿐입니다"라

고 열띤 어조로 대답했다. 비처는 현명하게 의지력을 발휘해서 한 가지 일을 집중적으로 파고들어 해결한 후 그 다음 일에 착수했던 것이다. 유능한 사업가를 자세히 관찰해보면 일을 처리하는 방식이 비처와 비슷하다는 것을 금방 알 수 있다. 인생에서 성공하는 비결 중 하나는 모든 정신 에너지를 한곳에 집중하는 능력을 기르는 것이다. 자칫하면 산만해지기 쉬운 정신을 오로지 한곳에 집중할 수 있어야 의지력도 길러지는 것이다.

한곳에 힘을 쏟아라

어느 저수지에나 둑이 무너진 곳이 한두 군데는 꼭 있다. 무너진 둑이 작으면 모르되 클 경우에는 물이 채 모이기도 전에 바로 새어나가 그 밑의 물레방아를 돌리지 못할 것이다. 마음의 갈피를 잡지 못하고 이 걱정 저 걱정에 휩싸이는 것은 이렇듯 저수지에서 물이 새어나가는 것과 같다. 자칫하면 그나마 있는 의지력마저 흔적 없이 사라져버릴 가능성이 높다.

아무리 뛰어난 천재라 해도 그냥 내버려두면 평범한 사람 즉, 범재(凡才)가 되고 만다. 일관된 의지로 재능을 한곳에 집중하는 능력을 길러야 천재성을 활짝 피어나게 할 수 있다. 한편 범재라 해도 지금까지 흩어져 있는 노력을 한곳에만 집중한다면 성공의 길로 한 걸음 더 다가설 수 있다. 의지가 확고하지 못해서 시작한 것을 중간에 포기하는 것을 반복한다면 절대로 성공할 수 없다. 굳은 의지로 일관되게 노력하는 것이야말로 성공의 필요조건이다.

수영을 배우려면 물속으로 들어가야 한다

달리기를 배우려면 직접 달려봐야 하고, 수영을 배우려면 직접 물속에서 헤엄쳐봐야 한다. 마찬가지로 의지력을 계발하려면 실제로 의지력을 발휘해봐야 한다. 영국의 한 수필가는 "작은 일에서부터 현명하고 끈기 있게 의지력을 발휘하고 다듬어가야 더 강하고 효과적인 의지력을 쌓을 수 있다"고 말하며 의지력 발휘를 강조했다. 의지력 단련의 지름길은 의지력을 발휘하는 것이다. 이 과정에서 의지력은 점점 더 강해지는 법이다. 무언가를 이룰 때까지 의지력을 발휘하여 한 가지 일에 매진하는 것, 바로 이것을 통해서 우리의 지식과 정신력은 평가된다.

커일러 박사의 조언

미국 장로교회 목사인 시어도어 커일러 박사(Theodore Cuyler, 1822~1909)는 "목표에 도달할 때까지 한 가지 일에 몰두하지 못하는 젊은이가 너무 많아 놀랍기만 하다. 처음 일에 달려들 때는 맹렬한 기세를 보이지만, 이를 악물고 끝까지 해내려는 근성이 너무나 부족하다. 쉽게 좌절해버리고 만다. 일이 잘 굴러갈 때는 그런대로 버티지만 그러지 않을 때에는 쉽게 기죽고 만다. 자기보다 뛰어난 사람이 도와줘야만 겨우 용기를 내어 다시 시도해볼 따름이다. 이러니 독립심이나 독창성은 찾아보기 힘들다. 기껏 한다고 해봤자 그저 남들 하는 일을 따라하는 데 그친다. 대담하게 한 발 앞서서 치고나갈 용기가 없다"고 젊은이에게 따끔한 충고의 말을 던졌다.

큰 나무의 숨은 힘

크게 성공하고 싶다면 치밀한 계획을 세워야 한다. 그러나 이보다 앞서 언제 무슨 일이 닥쳐도 흔들림 없이 처리할 수 있는 저력을 길러야 한다. 토머스 스타 킹(Thomas Starr King, 1824~1864) 목사는 캘리포니아의 거대한 나무를 보며 저력에 대한 영감을 얻었다고 한다.

"거대한 나무 안에는 미래를 위한 에너지가 꽉 차 있다는 생각이 문득 떠올랐다. 그런데 이 나무는 하루아침에 거대한 에너지를 얻었을까? 그렇지 않다. 험준한 산은 옆에서 다그치며 자극을 주었다. 산등성이의 흙은 나무를 지탱해주었으며, 구름은 눈비를 뿌려 성장을 도왔다. 여름과 겨울을 거듭해서 지내며 넓게 뻗어나간 뿌리 역시 귀중한 양분을 흡

수했다."

평소에 기른 저력을 바탕으로 세상을 내려다보며 푸름을 뽐내는 거대한 나무처럼 우리도 세상에 나가 보람된 일을 하기 위해서는 능력과 지식을 평소에 쌓아두어야 한다.

"만약 내가 지금 스무 살이고 앞으로 10년밖에 살 수 없다고 하자. 그러면 나는 그 중 9년 동안은 지식을 쌓으며 마지막 한 해를 준비할 것이다."

나는 해내고야 말겠다

영어에서 '나는 해내고야 말겠다(I will.)'만큼 눈에 확 띄는 말은 없다. 마치 체스 판의 왕과 같다. "I will."이라고 말할 때 그 우렁차게 울리는 어조 속에는 강인하고 깊고 견고한 의지, 자신감과 능력, 단호한 결단력, 그리고 식지 않는 활력과 우뚝한 독립심이 어른거린다. 고생 끝에 이루어낸 성공, 좌절을 딛고 거둔 승리, 굳은 맹세와 강인한 실천, 담대하면서도 고결한 구상, 그 어디에도 구속받지 않는 열정

그리고 난관을 뚫고서 힘차게 전진한 수많은 사람들의 고동
치는 맥박 등 이 모든 것이 '나는 해내고야 말겠다'라는 말
에서 느껴지지 않는가?

누군가 이렇게 훌륭한 말을 한 적이 있다.

"침묵하는 사람은 무시당하고 전진하지 않는 사람은 뒤
처진다. 중간에서 멈추는 사람은 남에게 뒤떨어지고 제압당
하다가 결국에는 실패하고 말 것이다. 어린이가 오늘 당장
성장을 멈추면 왜소한 체구만이 남듯 발전을 멈추면 설 자
리를 잃은 채 초라하게 헤매는 모습만이 남을 뿐이다. 정지
하는 것은 굴복이요 종말의 시작이다. 그 뒤에는 죽음만이
기다린다. 쉴 새 없이 의지를 불사르며 무언가를 성취해가
는 삶을 살아갈 때 우리는 비로소 세상에 태어난 몫을 한다
고 떳떳하게 말할 수 있다."

강철의지

CHAPTER 2

운명의 지배자

의지가 강한 사람에게는 기회의 문이 항상 열려 있다.

— 랄프 왈도 에머슨

무언가를 이루어낼 수 있는 사람이 곧 왕이다.

— 토머스 카라일(Thomas Carlyle, 1795~1881, 영국의 비평가 겸 역사가)

의지력은 어느 한 사람이 지닌 힘에 불과할까? 위대한 인물은 모두 내면 깊은 곳에서 우러나는 의지력을 발휘했다. 의지력이 있는 곳에는 활력이 넘친다. 의지력이 없는 곳에는 무기력, 절망, 실망만이 판칠 뿐이다. "당신이 허약한 나무나 맥없는 지푸라기가 아님을 세상에 알려라. 당신의 내면 깊은 곳에 강철의지가 자리 잡고 있음을 알려라." 굳은 의지로 신속한 결단을 내린 사람만이 이 세상에 지울 수 없는 발자취를 남겼다. 의지력으로 할 수 있는 일에는 한계가 없다. 확고한 의지력을 끈질기게 발휘하는 사람이라면 불가능이란 말을 입 밖에 내지 않을 것이다. 열 가지 재주가 있으나 의지가 약한 사람은 재주가 단 하나 뿐이지만 의지가 강한 사람을 결코 당해내지 못한다. 총알에는 화약이 얼마나 들어 있을까? 겨우 겨자씨만큼 들어 있을 것이다. 그러나 표적을 정확하게 겨누고 발사해보라. 아무도 없는 허허벌판에서 터지는 산더미만한 폭탄보다 더 강력할 것이다.

세 가지 유형의 사람

사람에는 세 가지 유형이 있다. 의지가 강한 사람, 의지가 부족한 사람, 의지의 싹조차 안 보이는 사람. 의지가 강한 사람은 하는 것마다 성공을 거둔다. 의지가 부족한 사람은 주변 사람에게 부담만 안겨준다. 의지의 싹조차 보이지 않는 사람은 하는 족족 실패하고 만다.

미국의 정치가인 포스터(Abiel Foster, 1735~1806)가 말했듯이 능력은 나무랄 데 없으나 용기와 신념, 결단력이 부족해서 실패한 사람들이 있는가 하면 능력은 부족하지만 확고한 의지력으로 성공을 거둔 사람도 있다.

시작할 때는 가슴 벅찬 희망을 불러일으켰으나 실패로 끝맺고 마는 사람이 흔하다. 왜 실패했을까? 단적으로 말해서 의지력이 부족하기 때문이다. 잠재된 의지력을 절반도 발휘하지 못했던 것이다. 도토리 한 바구니를 놓고 도토리

더미라 할 수 없듯이 가능성만 보여주고 천재성을 꽃피우지 못한 천재를 천재라고 할 수는 없다.

세상에는 의지력의 싹조차 보이지 않는 사람도 있다. 이들은 어떤 사람일까? 연료가 떨어져 움직이지 못하는 자동차처럼 아무 쓸모가 없는 사람이다. 살아도 죽은 목숨이나 진배없다. 실패했다 안 했다 따질 가치가 없다.

사람의 됨됨이를 살필 때 의지는 중추적인 역할을 한다. 영국의 한 작가는 "의지와 인생 사이의 관계는 배와 방향키, 또는 배와 엔진 사이의 관계에 비유될 수 있다. 방향키가 어디로 움직이느냐에 따라 배의 진로가 바뀌고 엔진이 어떻게 돌아가느냐에 따라 배의 속도가 달라지듯이 의지가 어떠냐에 따라 인생은 정반대로 바뀔 수 있다"고 배에 비유해 말했다.

의지력은 젊은이의 가능성을 보여주는 시험대이다. 젊은이가 책임진 일을 확실히 틀어쥐고서 제대로 해낼 수 있는가 없는가는 의지력이 얼마나 강한가에 달려 있다. 제 것은 지키고 남의 것은 빼앗으려 아귀다툼 벌이는 이 험난한 세상에서 의지력 없는 젊은이, 삶을 야무지게 꾸려가지 못하는 젊은이에게 과연 어떤 기회가 주어지겠는가? 경쟁에서 앞서 나가려는 젊은이라면 어떤 일이든 단호하게 결정하고 뚝심 있게 밀고 나가는 능력이 꼭 필요하다.

재봉사의 바늘

영국의 극작가이자 시인인 벤 존슨(Ben Jonson, 1572~1637)의 오래된 희곡에 "손 빠른 재봉사가 바늘을 놀려 옷 한 벌을 뚝딱 만들어내듯, 나는 하겠다고 마음먹은 순간 득달같이 달려들어 단번에 끝내고 만다"라는 구절이 있다.

프랑스의 정치인이자 외교관인 리슐리외(Armand Jean du Plessis de Richelieu, 1585~1642)도 "나는 결심만 하면 추호의 망설임도 없이 목적 달성을 위해 나선다. 잘못된 것은 전부 뒤집어엎고 방해가 되는 것은 단칼에 잘라낸다"고 비슷한 의미의 말을 했다.

국제 금융업자인 로스차일드(Mayer Amschel Rothschild, 1744~1812)가 말한 "하고자 마음먹은 일은 반드시 해치워라"

라는 말도 의미는 대동소이하다.

영국의 수상인 글래드스턴(William Ewart Gladstone, 1809~1898)도 평소 자녀에게 "아무리 사소한 일이라도 일단 시작했으면 끝장을 보라"고 가르쳤다.

성급함보다 더 나쁜 것, 우유부단함

성급함보다 더 나쁜 것은 우유부단함이다. 영국의 작가인 펠텀(Owen Feltham,1602~1668)은 "총을 쏘다보면 한 발이라도 과녁에 명중할 기회가 생긴다. 그러나 총을 쏘지 않으면 그럴 기회가 아예 없다. 우유부단함은 말라리아와 같다. 말라리아에 걸리면 팔, 다리 하나만 떨리지 않고 순식간에 온몸이 달달 떨리듯 한 번 우유부단하게 망설이면 곧 매사에 망설이게 된다"고 신속한 결심과 단호한 행동을 강조했다.

걱정으로 뒤척이다 잠 못 이루는 사람, 마음이 오락가락 하는 사람, 이럴까 저럴까 머뭇거리는 사람, 남에게 질질 끌려다니는 사람. 어디 이뿐인가? 이 눈치 저 눈치만 보며 결정을 못 내리는 사람, 사소한 문제를 심각하게 고민하는 사람, 귀가 얇아 잘하던 일 관두고 늘 새로운 일 찾아다니는 사람 등 주변에 숱하게 많다. 이런 사람은 무슨 일이 주어져도 잘 해내지 못한다. 그러나 매사에 긍정적인 사람, 단호한 결심으로 똑 부러지게 처리하는 사람은 어디서든 두각을 나타내며 무언가를 대표하고 앞장선다. 무엇을 하든 성공하며 언제나 신망을 얻는다.

기회는 쉽게 그 모습을 드러내지 않는다. 순식간에 왔다 사라지고 만다. 굼뜨고 게으르며 무심한 사람은 기회의 그림자조차 눈치 채지 못한다. 미국 남북전쟁 당시 북군의 장군인 펠프스(John W. Phelps, 1813~1885)는 "바짝 경계하며 기회를 살펴라. 기회가 왔다 싶으면 과감하게 낚아채라. 일단 낚아챈 기회는 끈질기게 물고 늘어지며 최대한의 전과를 올려라. 이것이 바로 전쟁터에서 승리하는 비결이다"고 기회 포착의 중요성을 설파했다. 미국의 군인인 채핀(Edward Payson Chapin, 1831~1863)도 "정녕 뛰어난 사람은 기회를 기다리지 않는다. 신속하게 기회를 포착해서는 도망가지 못하게 꽉 움켜쥐고서 종 부리듯 마음껏 부린다"고 한마디 거들었다.

성공이냐 실패냐의 갈림길에서 결정적인 역할을 하는 것은 무엇인가? 바로 의지력이다. 온갖 유혹의 물결이 거세게 몰아쳐도 한 치의 흔들림 없이 정해진 방향으로 나아가는 사람, 목표에 시선을 고정시킨 채 뚫어져라 응시하는 사람, 이런 사람에게 성공의 문이 활짝 열린다.

"다시스(Tarshish, 구약에 나오는 항구) 항을 떠난 배 중 오빌(Ophir, 솔로몬 왕이 보석을 얻었다는 지방)의 황금을 갖고 돌아온 배는 몇 척 되지 않는다. 그러면 항구에만 처박혀 돛과 노를 썩혀야 하는가? 아니다! 바람에 돛을 맡기고 항해에 나서야 한다."

자의식의 힘

멜레(Mellès)에 따르면, "우리의 마음속에는 자의식이 존재한다. 정말로 있는지 없는지 모르고 지나칠 때도 있지만, 분명히 존재한다. 질긴 생명력과 잔잔한 아름다움이 함께 묻어나는 꽃, 난초를 온 정성을 다해 기르듯 마음속에서 자의식을 차분하게 길러 그 힘이 활짝 피어나게 해야 한다. 자의식이 뒷받침하지 않을 때 자아는 암흑 속에서 헤매고 만다. 뭔가 해보려는 의욕이 송두리째 사라지며 숨은 능력도 그대로 묻혀버리고 만다. 마음속 깊이 숨은 개성을 낱낱이 드러내야 자의식이 길러진다. 자기를 속속들이 아는 것, 자기의 가치를 적절히 평가하는 것이 자의식을 기르는 지름길이다.

얼마 전 한 노련한 교사가 이런 말을 한 적이 있다. "과거에는 가난에 좌절하지 않고 배우겠다는 의지를 불태우던 젊은이가 간혹 있었습니다. 이 젊은이가 더 배우겠다는 의지를 확고한 결심으로 승화시켰다면, 배움의 문이 활짝 열렸을 겁니다. 주변 사람이 서로 도와주겠다고 앞다퉈 나섰을 테니까요. 만약 이 젊은이가 막연한 희망에 기대어 무작정 노력했다면 첩첩산중에서 헤매듯 갈피를 잡기 힘들었을 겁니다. 하지만 희망을 바탕으로 의지와 결심을 잘 버무려 목적을 정했다면, 뜻밖의 도움이 여러 곳에서 쏟아졌을 겁니다."

스스로를 믿는가?

자신감과 강철의지가 없는 사람은 기회의 놀림감, 환경의 꼭두각시에 머물고, 상황의 노예 노릇만 하기 십상이다. 뭔가 해보기도 전에 자기의 능력을 의심하는 것만큼 성공의 무서운 적이 또 어디 있겠는가? 가능성이 있든 없든 성공하고 싶다는 생각이 절실하다면, 앞날에 성공의 길이 넓게 뚫려 있다는 믿음을 굳게 간직해야 한다. 어떤 고초가 닥쳐도 성공하리라는 확신을 버리지 말아야 한다. 인생이라는 전쟁터에서 승리할 힘이 있다는 생각을 추호도 의심해서는 안 된다. 실패한 삶을 살게 될 거라는 악의 섞인 말, 성공의 주인은 따로 있을 거라는 비아냥거림에 귀를 기울이지 마라. 집에 들어온 도둑을 사정없이 내쫓듯 성공에 대한 부정적인 생각을 과감하게 지워버려야 한다.

한 치의 두려움 없이 온몸으로 세상에 부딪히는 젊은이, 자기의 능력을 자신하며 주저 없이 도전하는 젊은이를 보라. 뭐라 말하기 힘든 숭고한 기운마저 엿보이지 않는가?

우리가 스스로를 어떻게 평가하느냐에 따라 세상 사람의

평가도 달라지기 마련이다. 자신감 있는 사람만이 신뢰를 얻을 수 있다. 자기의 판단을 믿지 못한 채 남의 도움만을 바라는 사람, 또는 너무 소심해서 주관을 가지고 행동하지 못하는 사람 중 남들의 인정을 받는 사람이 있는가? 있다면 당장 데려와 보라. 긍정적 성격을 지닌 사람, 위기가 닥쳐도 눈 하나 깜짝하지 않는 사람, 무엇을 시도하든 해낼 수 있다고 믿는 사람, 친구나 동료의 신뢰를 얻는 사람만이 인정받는 게 세상 이치이다. 이런 사람은 도움의 손길을 마다하며 무엇에든 덤벼들 배짱이 있기에 더 더욱 사랑받는다.

역사에 길이 남을 훌륭한 업적을 쌓은 사람은 예외 없이 대담하고 도전적이며 자신감이 넘쳤다. 과감하게 앞으로 치고나가 창조적으로 행동했다. 그저 그런 사람으로 여겨지기를 죽기보다 싫어했다.

경쟁이 치열한 시대이다. 소심하고 우유부단한 사람이 설 자리는 없다. 성공을 꿈꾸는가? 그렇다면 민첩하게 기회를 포착해서 과감하게 치고 나가라. 확실하고 안전한 것만 기다리다가는 성공은 오던 발걸음을 되돌리고 만다.

"끝없는 노력이 인생사를 지배하는 법칙이다. 이 법칙은 인간을 영원히 옭아맬 것이다."

"누구나 남의 말만 믿을 뿐 자기 생각은 믿지 않으려 한다."

쉽게 패배를 인정하지 마라. 가난을 탓하지 마라. 고개를 빳빳이 들고 세상을 똑바로 바라보라. 가로막는 손길을 세차게 뿌리치고서 앞으로 나아가라. 앞길을 막을 자 누가 있겠는가? 내가 해야 하는 일이다 싶으면 온 힘을 쏟아부어라. 늘 힘을 충전하면서 긴장의 끈을 늦추지 마라. 주어진 임무의 완수를 위해 한걸음씩 차근차근 내딛어라.

어떤 젊은이가 사장에게 "저에게 쉬운 일을 주지 마세요. 무거운 상자만 골라서 운반하고 아무리 많은 짐도 가뿐하게 짊어지겠습니다. 산을 들어 바다에 던지라고 하셔도 그대로 해내겠습니다"라고 말하며, 근육으로 다져진 팔뚝을 훌쩍 걷어붙였다. 진심어린 그의 두 눈은 반짝반짝 빛났고 온몸에는 기운이 활활 솟구쳐 올랐다.

추호도 흐트러짐 없이 단호하게 행동하는 사람을 누구나

진심으로 칭송하는 법이다.

"자기가 어디로 가는지 분명히 알고 있는 사람에게는 누구나 길을 비켜준다."

"아무리 꺾으려 해도 꺾이지 않는 의지! 이 의지를 향해서는 모두 경의를 표하며 돕겠다고 나선다. 놀라운 광경이지 않은가?"

미국의 작가이자 신사상 운동의 창시자인 프렌티스 멀포드(Prentice Mulford, 1834~1891)에 따르면, "성공을 꿈꾸는 사람이라면 이미 성공한 사람처럼 생각하고 행동해야 한다. 이럴 때 성공이 저 멀리서 반가운 손짓으로 부를 것이다."

"조금만 더 노력하면 성공이 나를 쇠사슬보다 더 질긴 힘으로 끌어당길 거라 믿으며 혼신의 힘을 다하라. 구차한 목숨을 핑계로 뒷걸음질 치지 마라. 우리는 책을 읽던 도중에, 혹은 충격적인 일을 겪거나 누군가의 이름을 무심코 들을 때 갑자기 정신이 번쩍 들고 의지가 솟구침을 깨닫게 된다.

하지만 새로운 의지가 아무리 솟아나도 확고한 결심으로 갈무리하지 않으면 아무 소용없다. 어떤 추진력도 얻을 수 없고 어떤 성과도 남길 수 없다."

강철의지

An
Iron
Will

CHAPTER 3

위기를 이기는 강철의지

'절대로 포기하지 마라'는 말만큼 오랜 세월

우리의 마음속에 절실하게 들리는 말이 또 어디 있겠는가?

— 마틴 튜퍼(Martin Tupper, 1810~1889, 영국의 극작가, 시인)

강철의지로 다져진 사람이 자신감에 넘쳐 과감하게 행동했을 때 어떤 기적이 일어났는지 한 번 보라! 불가능할 것처럼 보였으나, 끝내 실현되고 만 일이 얼마나 많았던가? 강철의지가 있었기에 나폴레옹(Napoléon I, 1769~1821)은 혹한을 뚫고 알프스를 넘어 오스트리아로 진격할 수 있었다. 미국 남북전쟁 당시 북군의 해군 제독인 파라굿(David Glasgow Farragut, 1801~1870)과 듀이(George Dewey, 1837~1917)는 남군의 포격과 어뢰, 기뢰를 겁내지 않고 미시시피 강을 누비며 혁혁한 전과를 올릴 수 있었다. 강철의지 덕택에 그랜트 장군은 남북전쟁 앤티텀 전투에서, 영국의 넬슨(Horatio Nelson, 1758~1805) 제독은 1805년 트라팔가르 해전에서 결정적 승기를 잡을 수 있었다. 이미 기울어진 전세를 뒤집어 승리로 이끈 전투, 누구나 무모하다고 비웃었던 과학적 발견과 발명 뒤에는 언제나 강철의지가 있었다. 나아가 예술의 세계에서도 강철의지는 명작 창조의 촉진제 역할을 했다.

영국과 프랑스가 벌인 백년전쟁 당시 열여섯의 소녀 잔 다르크(Jeanne d'Arc, 1412~1431)가 프랑스를 구한 비결은 어디에 있었을까? 아직 어린 나이로는 보기 드물게 의지력이 강했으며, "프랑스를 구하라"는 하나님의 계시를 듣고 자신감을 얻었기 때문이다.

"싸워야 할지 말아야 할지 잘 모를 때면 나는 언제나 싸우는 쪽을 선택한다"라는 유명한 말을 입버릇처럼 되뇌며 승리 의지를 불태우던 넬슨 제독! 그 역시 자기 말을 입증이라도 하듯 트라팔가르 해전에서 프랑스 함대를 격파한 후 장렬히 전사했다. 오늘도 넬슨 제독은 트라팔가르 광장 한복판에서 강철의지가 불타는 눈빛으로 우리를 굽어보고 있다.

호라티우스(Horatius)가 두 명의 동료와 함께 티베르강 다리에서 9만 명의 토스카나인을 막았던 힘, 레오니다스(Leonidas)가 테르모필레에서 크레크세스 휘하 페르시아 대군의 진격을 저지했던 힘, 데미스토클레스(Themistocles)가 페르시아의 무적함대를 살라미스만으로 유인하여 격파했던

열여섯의 소녀 잔 다르크는 영국과 프랑스가 벌인 백년전쟁에서 열세에 있던 프랑스가 전세를 뒤집는 데 결정적인 역할을 했다. 그녀의 의지가 프랑스를 구한 것이다.

힘……. 이 모든 힘은 바로 강철의지에서 나왔다. 카이사르가 쫓기는 부하를 보호하기 위해 몸소 창과 방패를 잡고 싸워 승부가 기운 전세를 역전시켰을 때, 빙켈리트(Arnold von Winkelried, 16세기 스위스의 전설적인 용사)가 오스트리아군의 쏟아지는 창을 온 몸으로 막아 동료 병사의 퇴로를 열어줬을 때, 웰링턴 장군이 유럽의 전장을 누비며 매번 승전보를 알렸을 때, 네이(Michile Ney, 1769~1815, 나폴레옹 휘하의 프랑스 장군)가 수차례 패배 일보 직전의 전투를 빛나는 역전승으로 마무리했을 때, 후퇴의 위기에 몰린 북군을 구원하러 윈체스터에서 달려온 쉐리던(Philip Sheridan, 1831~1888, 남북전쟁 당시 북군의 기병대 장군)이 피셔힐 전투에서 전쟁의 물꼬를 돌려놓았을 때, 셔먼(William Tecumseh Sherman, 1820~1891, 남북전쟁 당시 북군의 장군)이 부하에게 곧 구원하러 달려갈 테니 요새를 사수하라고 신호를 보냈을 때, 언제나 강철의지가 활활 타올랐다.

역사를 되돌아보라. 의지가 약한 이들이 지레 겁먹고 포기한 일에 기회다 싶어 덤벼들어 성공적으로 마무리한 사람의 예가 무수히 나오지 않는가? 신속한 결단을 내리고 혼신을 다해 행동하는 사람만이 세상을 쥐고 흔드는 법이다. 독

일을 통일하고 제국을 건설한 사람은 누구인가? 바로 강철 의지의 전형 비스마르크이지 않았는가?

나폴레옹과 그랜트

나폴레옹은 포병 간부 후보생이던 시절, "적군에 의해 포위된 상황에서 식량마저 바닥났다면 어떻게 하겠는가?"라는 질문에, "적군 진영에 아직 식량이 남아 있다면 걱정하지 않겠습니다"라고 딱 부러진 대답을 했다.

어느 날 시위 군중에게 파리가 장악되자 정부 당국자는 겁에 질려 허둥대기만 하고 있었다. 이때 어떤 사람이 사무실에 들어와 말했다.

"시위 군중을 단번에 해산시킬 만한 사람이 있습니다."

"그, 그런가. 다, 당장 이리로 모셔오게."

나폴레옹은 진압군을 이끌고 쏜살같이 달려와 파리의 치안을 회복했다. 얼마 후 그는 프랑스군 총사령관으로 승진했고 눈부신 전공을 바탕으로 황제로 즉위했으며 급기야 유

오스트리아를 점령하기 위해 알프스를 넘는 나폴레옹. 그의 강철 같은 의지는
불가능도 가능하게 만들었다.

럼 전역을 석권하기에 이르렀다.

1796년 5월 10일 프랑스군과 오스트리아군은 이탈리아 로디의 한 다리에서 서로 대치하고 있었다. 다리 건너편의 오스트리아군 진영에서 포병이 죽 늘어세운 대포로 프랑스 군을 겨누는 가운데 그 뒤의 보병 6000여 명은 언제든 사격 할 태세를 갖추고 있었다. 다리를 돌파해야 했으나 참으로 녹록치 않은 상황이었다. 우선 나폴레옹은 300명의 기총병 대대를 선봉에 세운 4000명의 근위여단으로 돌격 대오를 편성했다. 둥, 둥 북소리에 맞춰 기총병 대대가 방어벽에서 나와 함성을 지르며 다리 입구로 일제히 돌진했다. 오스트리아군의 대포와 소총이 불을 뿜었다. 억수같이 쏟아지는 포탄과 총탄에 선두의 병사들이 낫질에 볏단 베이듯 힘없이 쓰러졌고 돌격 대오는 일순간에 무너졌다. 최정예 근위여단조차 잔뜩 겁먹고 슬금슬금 후퇴하기 시작했다. 바로 이 순간 나폴레옹은 아무 말 없이 그저 묵묵한 표정을 지으며 깃발을 들고 손수 선두에 섰다. 부관과 참모 몇몇이 따라 나와 옆에서 호위했다. 나폴레옹이 이끈 일당백의 돌격대는 발길에 채는 시체 더미를 딛고 다리를 향해 재차 달렸다. 아! 정말 빨랐다. 눈 깜짝할 사이 돌격대는 200미터 남짓의 다리를 돌파해낸 것이다. 순식간에 허를 찔린 오스트리아 포병은 돌격대 뒤편의 엉뚱한 곳에 포탄을 날려 보냈다. 보병 또한 제대로 조준하지 못한 채 허공에다 총을 쏘아댔다. 이어 기적 같은 일이 벌어졌다. 오스트리아 포병은 혼비백산하여 대포를 버리고 달아났으며 보병도 아수라장 속에서 후퇴하다 프랑스군의 공격에 무참히 짓밟혔다. 나폴레옹이 앞장서서 돌격할 때 바로 이런 순간을 계산에 넣지 않았을까? 과연 명장이었다.

나폴레옹이 기병대를 이끌고 스페인에서 파리까지 시속 30킬로미터의 빠른 속도로 진격하던 당시의 일이다. 그는 보기만 해도 아찔한 절벽 위의 생베르나르 고갯길 앞에서 잠시 대오를 세웠다. 진격로 개척을 책임진 공병장교가 달려오자 차분한 목소리로 물었다. "저 길로 가는 게 가능할 것 같은가?"

그 공병장교는 한참 머뭇거리다 대답했다. "아, 예. 불가능하지는 않을 것 같습니다만……."

"그러면 됐다. 자, 전군 즉시 진격 앞으로!"

미국 남북전쟁 당시 북군의 명장이었고 이후 대통령을 지낸 율리시즈 S. 그랜트는 별 볼일 없는 집안 출신이었다. 돈과 권세는 물론 든든한 후원자나 변변한 친구가 눈 씻고 봐도 없었다. 그러나 남북전쟁 당시 북군을 지휘하며 나폴레옹에 비견될 만한 전공을 세웠다. 어찌 보면 6년 동안 전쟁을 치른 그랜트가 무려 20년 동안 전 유럽을 누빈 나폴레옹에 비해 지휘한 전투, 붙잡은 포로, 노획한 군수물자 거기다 거느린 병사 모두 더 많았다고 할 수 있다. 링컨(Abraham Lincoln, 1809~1865)은 "그랜트 훌륭한 점은 은근히 끈기 있는 모습이라네"라고 정확히 평가했다.

"욕만 하지 말고 싸워라."

산 주앙 언덕에서 스페인군의 집중 사격이 버티기 힘들 정도로 심해졌다. 의용기병대원 중 일부는 욕설만 퍼부어 댈 뿐 대응 사격조차 제대로 못하고 있었다. 명장의 자질을 타고났던 우드 대령은 모제르총으로 사격 개시를 알리며 이렇게 외쳤다. "욕만 하지 말고 싸워라."

살라망카에서 적군의 총탄이 빗발치는 가운데 치열한 접전이 벌어졌다. 내이피어 경(Sir. William Napier, 1785~1860, 영국

율리시즈 S. 그랜트는 미국 남북전쟁 당시 북군의 명장이었고 이후 미국 대통령까지 지냈다. 가난한 집안 출신이었지만 그의 의지를 막을 수 없었고 역사에 그 이름을 남겼다.

의 장군이자 전쟁사가)의 부하들은 명령에 따르지 않고 삼삼오오 짝을 지어 도망갈 궁리부터 했다. 그는 즉시 전투 일시 중지 명령을 내렸고, 주모자 네 명을 색출해 선두에서 돌격하는 벌에 처했다. 이 네 명은 즉시 명령에 따랐다. 적군이 무섭게 사격을 해댔지만 숙달된 솜씨로 침착하게 무려 5킬로미터나 전진했다.

크림전쟁에서 주아브병 대장 펠리시에(Pellicier)가 전투 지휘 중 한 장교를 채찍으로 내리쳤다. 격분한 그 장교는 권총을 꺼내 방아쇠를 당겼다. 다행히 총알이 발사되지는 않았다. 펠리시에는 무슨 일이 있었냐는 듯 "이봐, 자네. 총기 수리를 게을리 했으니 그 벌로 3일간 영창에 처넣겠다"라고 무표정한 얼굴로 말했다

강철의지로 똘똘 뭉친 사람은 위기의 순간에도 냉정을 유지하는 법이다.

"회오리바람처럼 내달려야 했다."

산 주앙 언덕을 향해 돌격하기 직전 루즈벨트(Theodore

Roosevelt, 1858~1919, 군인, 제26대 미국 대통령)는 휘하 연대원 앞에서 "초임 장교 시절 나는 먼저 고지를 점령하기 위해 회오리 바람처럼 내달려야 했다"고 격려의 훈시를 했다.

남북전쟁 당시 남군의 충각함(배 앞머리에 뾰족한 쇠붙이를 덧댄 돌격함) '알베마를 호'를 폭파한 홉슨(Edward Henry Hobson, 1825~1901, 남북전쟁 당시의 북군 군인)과 커싱(William B. Cushing, 1842~1874, 남북전쟁 당시의 해군 장교)의 영웅정신도 숭고한 강철 의지의 발로였다.

휠러(Joseph Wheeler, 1836~1906, 남북전쟁 당시의 북군 장군)는 23세에 소위로 임관한 직후 24세에 대령, 25세에 준장, 26세에 소장 계급장을 달았고, 27세에 군단장을 역임한 다음 28세에 드디어 중장까지 진급하는 등 전례를 찾기 힘든 초고속 승진을 했다.

휠러는 한 전투에서 남군 기병 16명을 말발굽 아래 쓰러트리는 기록을 세우기도 했다. 부상당한 남군 기병은 셀 수도 없었다. 적군의 탄환이 안장과 군복을 아슬아슬하게 스쳐가도 눈 하나 까딱하지 않았다. 그는 전장에서 세 번 부상 당했는데, 한 번은 중상을 입어 생사의 문턱에서 겨우 살아났다. 32명의 남군 장교와 부사관을 죽이거나 중상 입히는 혁혁한 공훈을 세우다보니 휠러가 출전했다는 소문만 돌아도 남군 장교들은 간담이 서늘해져 항복하기에 바빴다.

이 용맹무쌍한 정신은 어디에서 비롯된 것일까? 바로 강철의지이다. 경보병 연대의 이름 없는 병사이건 어느 도시의 평범한 소방관이건 영웅적인 행동으로 공을 세우는 비결은 강철의지 아니겠는가?

강철의지

CHAPTER 4

건강, 의지의 원천

목적이 분명하고 의지가 확고한 사람은

도움이 될 만한 주변 사람을

모두 끌어들이는 마력이 있다.

― T. T. 밍거(T. T. Munger, 1830~1910, 신학)

I.

단호한 자세로 제때에 훌륭한 결단을 내렸던 인물을 생각나는 대로 머리에 떠올려 보라. 모두 건강하고 기가 넘쳐흐르지 않았는가? 사실 몸부터 건강해야 말 한마디에도 무게가 실리고 설득력 있게 들리는 법이다. 역사책에 묘사된 정복자 윌리엄(William I, 1028~1087)을 예로 들어 보겠다.

"투박한 외모에 육중한 몸집, 박력과 불굴의 용기까지 갖춘 정복자 윌리엄을 두고 누구나 억세고 사나운 해적 정신의 화신으로 여겼다. 힘깨나 쓴다는 부하들이 아무리 힘을 써도 그가 사용하는 활을 쉽게 당기지 못했다. 어쩌다 한번 겨뤄본 상대방은 하나같이 입을 모아 그 누구도 당해낼 수 없을 거라고 고백했다. 전투가 벌어지면 그는 곤봉을 휘둘러 새카맣게 몰려드는 잉글랜드 전사들을 단번에 박살냈다. 시체가 성문 기둥 밑에 첩첩이 쌓였고 피는 냇물처럼 흘러

정복왕 윌리엄은 수천 명의 노르만 병사를 이끌고 잉글랜드로 쳐들어가 헤이스
팅스 전투에서 잉글랜드 국왕인 해럴드 2세를 죽이고 왕좌에 올라 노르만 왕조
를 세웠다.

내렸다. 만약 부하의 목숨이 경각을 다투기라도 하면 그의 용맹은 더욱 더 뿜어져 나왔다. 잉글랜드의 그 어떤 영주나 왕도 정복자 윌리엄의 적수가 되기에는 역부족이었다."

웹스터(Webster)도 정복자 윌리엄에 못지않았다. 영국의 작가이자 성직자인 시드니 스미스(Sydney Smith, 1771~1845)에 따르면, "웹스터는 아무리 봐도 믿기지 않는 인물이다. 그의 외모에서 풍기는 무시무시한 기에 눌리지 않고 버틸 사람은 아무도 없을 것이다." 영국의 역사가이자 사회평론가인 칼라일(Thomas Carlyle, 1795~1881)도 웹스터를 보는 순간 누구든지 그가 뿜어대는 기에 빨려 들어갈 것이다"라고 평했다. 이렇듯 웹스터의 건장한 체격과 범상치 않은 기는 여러 사람 입에 회자될 만큼 대단했다. 웹스터가 한마디만 해도 자기 뜻을 꺾고 따르겠다는 사람이 부지기수였다.

건강하고 활력이 넘치는 사람만이 부귀면 부귀, 명예면 명예와 같은 인생의 중대 목표를 달성할 수 있다. 다시 말해서 기가 팔팔하게 살아 있어야 인생을 원하는 대로 살아갈 수 있다.

건강을 놓고 손꼽을 때 둘째가라면 서러워할 인물로는 누가 있을까? 영국의 정치가인 브로엄 (Henry Brougham, 1778~1868)은 무려 144시간 동안 쉬지 않고 계속 일하는 기록을 세웠다. 나폴레옹도 24시간 내내 말을 타고 달린 적이 꽤 있었으나, 매번 지친 기색을 전혀 내비치지 않았다. 미국 건국의 아버지인 벤저민 프랭클린(Benjamin Franklin, 1706~1790) 역시 일흔의 나이에 찬바람 부는 들판에서 야영 생활을 여러 달 했어도 감기 한 번 앓지 않았다. 글래드스턴(William Ewart Gladstone, 1809~1898)은 어땠을까? 그는 84세까지 수상으로 재임하면서 영국의 운명을 쥐락펴락했다. 많은 업무에 시달리는 와중에도 매일 7~8킬로미터를 걸어서 출퇴근했다. 게다가 85세 때는 힘찬 도끼질로 아름드리나무를 쓰러뜨려 지켜보던 사람을 경탄하게 했다.

치열한 경쟁이 벌어지는 이때 우리의 몸과 마음은 심한 스트레스에 짓눌릴 수밖에 없다. 이러다 만에 하나 스트레스에 무너지면 건강을 송두리째 빼앗기고 만다. 경쟁다운 경쟁을 해보기도 전에 패배자로 전락하고 마는 것이다. 성공을 꿈꾸려면 지식을 쌓아야 한다고 생각하기 쉽지만, 그 이전에 건강부터 챙겨야 한다. 절실히 필요한 것은 건강이다. 인생에서 성공하기 위한 충분조건은 지식이고 필요조건은 건강이다.

요즘 초등학교 시절부터 시작해 대학교를 나와 직장에 다닐 때까지, 혹은 그 이후 죽기 바로 전 날까지도 머리를 혹사시키며 긴장의 끈을 조여야 하는 일투성이다. 날이 갈수록 그 부담은 점점 가중되기만 한다. 건강하지 않고서는 도무지 버틸 재간이 없는 세상이 된 것이다.

무슨 일을 하던 패기 있게 덤벼들어야 성공의 꼬리라도 밟는 법이다. 남북전쟁 당시 남군의 장군인 스톤월 잭슨(Stonewall Jackson, 1824~1863)은 젊은 시절 어느 날 문득 정신적으로나 신체적, 도덕적으로 남에게 손가락질 받지 않는 사람이 되겠다고 두 주먹을 불끈 쥐며 마음먹었다. 자제력이 대단했고 늘 자기수양에 힘썼기에 이 단호한 결심을 평생 지켜나갈 수 있었다. 그는 겨울만 돌아오면 자기 단련을 위해 얇은 홑겹 옷만 걸치고 버텼다. "감기 따위에 쓰러지면 사람 축에 끼지도 못한다"는 게 그의 신조였다. 소화불량을 치유하고자 삼시 세끼를 버터 찌꺼기 바른 묵은 빵으로만 때우며 일 년을 견딘 적이 있었다. 심지어는 의사의 처방을 지키려 남이 비웃든 말든 하루 종일 축축한 셔츠를 걸치고 지낸 적도 있었다. 그가 버지니아 군사대학의 교수로 근무하던 무렵 주치의가 건강을 위해 저녁 9시면 꼭 잠자리에 들라고 권고했다. 이때부터 그는 어느 장소에 있든, 옆에 누가 있든 전혀 상관하지 않고 저녁 9시면 어김없이 잠을 청했다. 스톤월 잭슨이 젊을 때부터 두각을 나타낼 수 있었던 비결은 이렇게 자기를 채찍질하며 단련해 나갔던 데 있다. 한마디로 쉽게 찾아보기 힘든 독종이었다.

그랜트 역시 "최소 9시간을 자지 않으면 아무 일도 못한다"고 말한 바 있다.

저기 아무리 심한 역풍이 불어도 너끈히 뚫고 나가겠다는 기백을 보이며 인생의 고비 고비를 무사히 넘어가는 젊은이가 있다! 이 젊은이의 희망찬 눈빛을 볼 때만큼 멋진 순간이 또 어디 있겠는가? 젊은이의 가장 강력한 무기는 젊음 그 자체이다.

언제 어디에 있든 기가 죽지 말아야 한다. 특히 세상을 향해 첫발을 내딛는 신세대라면 기가 살아 있어야 험난한 사회생활을 줏대 있게 견뎌낼 수 있다. 그러면 기는 어디서 나오는가? 바로 건강이다. 건강을 잃고 축 늘어져 있는 사람을 보라. 기의 그림자조차 얼씬거리지 않는다. 심한 가뭄에도 한없이 물이 솟아나는 깊은 샘처럼 우리의 몸에서도 건강이 솟구쳐 오를 때 인생이라는 계곡에는 생명력과 아름다움이 넘치게 되는 법이다. 왕성한 기를 뿜어내는 사람, 약동하는 혈기가 한 눈에 느껴지는 사람, 온몸에 퍼지는 생명력을 주체 못하는 사람. 이런 사람이야말로 정말로 건강한 사람이다. 병에 걸리지 않았다고 해서 건강한 사람인 것은 아니다.

들판을 휘저으며 사냥감을 찾아 뛰어다니는 사냥개처럼, 또는 구슬땀을 흘리며 힘차게 썰매를 지치는 아이들처럼 누가 봐도 왕성한 기가 느껴지는 사람이 되어야 한다.

II.

언제나 건강하면 더할 나위 없이 좋지만, 가끔 건강이 위협받을 때도 있다. 그러나 그런 때에도 강철의지만 있으면 얼마든지 극복해낼 수 있다.

"용감한 정신은 그 자체가 치료제이다. 고통에 굴하지 않고 이겨내도록 하는 고결한 무언가가 그 안에 있다."

어느 유명한 줄타기 곡예사의 말을 들어 보자. "예전에 약속한 날짜에 줄 위에서 바퀴를 타겠다는 계약서에 서명한 적이 있었습니다. 그런데 하필이면 그 며칠 전에 갑자기 요통이 찾아왔어요. 의사를 불러 어떻게든 낫게 해달라고 사정했습니다. 엄청난 액수의 위약금 문제가 걸려 있었거든요. 좀처럼 요통이 가시지 않았습니다. 의사는 가만히 누워 있으라고만 했어요. 의사가 뾰족한 대책을 세워주지 않은 것 같아 '나도 이대로 누워 있고 싶어요. 그런데 누워 있어 봤자 아픈 게 가라앉지 않는데 무슨 소용이 있을까요?'라고 애꿎은 의사에게 불만만 늘어놓았죠. 약속한 날에 공연장에 가니 그 의사가 쫓아와 무리해서는 안 된다고 하면서 다시 한 번 당부했어요. 사실 허리를 펴면 너무 아파 웅크리고만 있어야 해 마치 개구리가 된 것 같은 느낌마저 들었습니다. 그러나 독하게 마음먹고 간신히 밧줄 위로 올라갔습니다. 늘 그랬듯 양손으로 꽉 잡은 장대로 아슬아슬하게 균형을 맞추며 바퀴를 탔습니다. 밧줄 끝까지 간 다음 바퀴를 거꾸로 돌려 되돌아오는 고난이도 연기까지 해냈습니다. 무사히 밧줄에서 내려온 순간 다시 허리를 웅크린 채 엎어져 있어야만 했습니다. 개구리 신세로 되돌아갔던 셈이지요. 그때 허리가 끊어질 듯이 아팠는데도 바퀴를 탈 수 있었던 힘은 어디서 나왔을까요? 혹독한 연습을 하며 쌓은 의지력에서 나왔답니다."

누군가 "고통을 한 번도 겪어보지 않은 사람이 인생에 대해 알면 얼마나 알겠는가?"라고 물은 적 있다. 독일의 시인이자 철학자인 쉴러(Friedrich Schiller, 1759~1805)는 매순간 지옥을 맛보는 것 같은 극심한 통증에 시달리면서도 〈군도(Die Räuber)〉 등 여러 편의 훌륭한 비극을 완성했다. 작곡가인 헨델(Georg Friedrich Handel, 1685~1859)도 갑자기 찾아온 중풍으로 몸을 제대로 가누지 못하는 상태에서 지독한 우울증에 시달리고 게다가 시력마저 잃었으나 음악의 역사에 길이 남을 〈메시아(Messiah)〉 등 명곡을 작곡해냈다. 베토벤(Ludwig van Beethoven, 1770~1827) 역시 한없이 밀려오는 불행의 파도에 휘말려 귀가 멀었지만, 주옥같은 교향곡을 쏟아냈다. 영국의

지병으로 늘 지옥 같은 고통에 시달렸지만 〈군도〉 등 여러 편의 훌륭한 비극을 완성한 쉴러 (위 왼쪽), 갑자기 찾아온 중풍, 심한 우울증에 시력마저 잃었지만 명곡 〈메시아〉을 작곡한 헨 델(위 오른쪽), 귀가 멀어 들리지 않지만 주옥같은 교향곡을 남긴 베토벤(아래 왼쪽), 밀턴(아 래 오른쪽)은 시력을 잃고 병에 시달렸지만 대서사시 〈실낙원〉을 남겼다.

시인인 밀턴(John Milton, 1608~1674)은 극악의 가난 속에서 눈이 멀고 병마에 시달렸지만, "극심한 고통을 겪어봐야 뛰어난 작품을 쓸 수 있다"고 말하며 〈실낙원(Paradise Lost)〉을 썼다.

"그러나 나는 하나님의 뜻을 원망하지 않는다. 믿음과 희망의 끈을 놓지도 않는다. 단지 참고 견디며 살아갈 뿐이다."

윌리엄 H. 밀번(William H. Milburn, 1823~1903) 목사는 어렸을 때 눈이 멀었으나 목회학을 공부하여 성인이 되기 전부터 목회 활동을 시작했다. 6권의 저서를 남겼는데, 그 중에는 미시시피 계곡의 역사를 꼼꼼하게 정리한 책도 있었다. 그는 목사로서 오랜 기간 일했다.

시각 장애인 패니 크로스비(Fanny Crosby, 1820~1915, 찬송가 작곡가)는 여러 해 동안 뉴욕 맹학교의 교사로 근무하면서, 인애하신 구세주여(Pass Me not, O Gentle Saviour)〉, 〈저 죽어가는 자 다 구원하고(Rescue the Perishing)〉, 〈나의 생명 되신 주(Saviour More than Life to Me)〉, 〈십자가로 가까이(Jesus keep Me near the Cross〉 등 귀에 익은 찬송가를 무려 3000여 곡에 가까이 작곡했다.

브룩스(James Brooks, 1512~1560) 주교는 "무거운 짐을 짊어지고서 고통을 겪는 사람이 있다고 하자. 그 사람의 짐을 대신 들어줘 봤자 실제로는 아무런 도움이 안 된다. 어차피 짊어져야 할 짐이라면 숨어 있는 정신 에너지를 밖으로 끌어내 고통을 견딜 수 있게 해야 한다. 이것이 진정으로 돕는 길이다"라고 따끔하게 지적했다.

의지력과 인내심이 대단하기로는 『종의 기원』을 쓴 다윈(Charles Robert Darwin, 1809~1882)도 빼놓을 수 없다. 건강이 좋지 않았던 그는 평생 이런저런 병을 달고 살아야 했다. 하지만 다윈의 인내심은 놀라웠다. 아픈 걸 전혀 내색하지 않아 아내를 빼고는 누구도 그를 멀쩡한 사람으로 알고서 지냈으니 말이다. 훗날 그의 아들은 "곰곰이 따져보니 아버지께서는 지난 40년 동안 아프지 않은 날이 하루도 없었던 것 같습니다. 그러나 확고부동한 의지와 강인한 기질 덕분인지 고통에 굴하지 않고 끈질기게 일에 매달렸습니다. 무슨 일이든 일단 시작하면 어떻게든 끝장을 내고 말았습니다. 아버

『종의 기원』으로 이전까지 신이 인간을 창조했다는 세계관을 한번에 뒤집은 진
화론을 세상에 알린 다윈은 사실 건강이 좋지 않았다. 평생 이런저런 병을 달고
살았으나, 아픈 걸 전혀 내색하지 않았다. 그의 의지는 고통에 굴하지 않고 끈
기 있게 연구에 몰두한 결과 인류 정신문명에 커다란 전환을 가져오게 되었다.

지께서는 만약 병마와 싸워 지면 만천하에 대고 '나는 약골이요'라고 선전하는 꼴 밖에 더 되겠냐며 고통을 참아냈습니다'라고 회고했다.

불워(Henry Lytton Earle Bulwer, 1801~1872)는 "병을 앓고 있다는 사실을 인정하지 말라. 아프다는 말 자체를 입 밖에 내지 말라"고 강한 목소리로 훈계했다. 사실 맞는 말이다. 원칙적으로 말해서 질병은 인간이 맞서 싸워야 하는 대상이다. 제대로 싸우기 위해서는 먼저 질병에 걸렸다는 생각 자체를 머릿속에서 지워버려야 한다. 또한 괜히 증상을 놓고 심각하게 생각하는 일도 고통만 심해질 뿐 별 소용이 없으니 그만두어야 한다. 내 의지로는 질병을 이겨내기가 힘들겠다는 생각을 털끝만큼도 해서는 안 된다. 육신의 병쯤은 얼마든지 이겨낼 수 있다고 굳게 마음먹어야 한다. 정신이 똑바로 서야 신체도 건강해진다는 생각을 늘 마음 깊이 새겨두어야 한다.

신체의 타고난 보호자는 정신이다. 인류가 나타난 그 순간부터 우리 정신 속에 이미 여러 질병에 대한 치료약이 준비돼 있다. 이 치료약은 다름 아닌 의지력과 정신력이다. 만약 의지력과 정신력을 제대로 활용해서 몸을 보호한다면, 청소년처럼 끓어오르는 젊음과 넘치는 생명력을 발휘하며 불로장생할 사람이 훨씬 많아질 것이다. 분명히 정신에는 젊음과 아름다움을 잃지 않도록 우리 몸을 건강하게 유지시켜주는 힘이 있다. 생명을 거듭나게 해 지금보다 더 오래 살도록 하거나 아니면 더 쇠약해지지 않도록 보호해주는 능력 또한 자리 잡고 있다. 무병장수한 사람을 보라. 이들의 공통점은 무엇일까? 여러 가지가 있겠지만, 가장 중요한 것은 정신적, 도덕적 깨달음의 수준이 아주 높았다는 점이다. 모두 고결한 삶을 살았다. 생명력을 갉아먹는 부질없는 알력과 마찰, 불필요한 다툼을 적극적으로 피하려고 애썼다.

전염병에 걸릴 확률을 계산해보면 소심하고 우유부단하며 갈팡질팡하는 사람이 불굴의 의지와 용기를 갖춘 사람에 비해 두 배 이상 높다고 한다. 이것은 의사라면 누구나 다 아는 상식이다. 언젠가 한 사려 깊은 의사가 전염병을 걸릴까 벌벌 떨던 친구에게 들려준 이야기가 있다. "황열병이 유행하는 계절에 4000달러를 전해주라는 임무를 받고 뉴올리언스로 가야 하는 급송화물회사 직원이 있었어. 그 직원은 아마 자기 임무를 완수하기 전까지는 황열병에 걸리지 않았을 거야. 왜냐고? 한시라도 빨리 전달해주고 빠져나와야 했을 테니까." 그렇다. 이렇듯 목적과 방향이 분명한 사람은 전염병에 걸릴 틈새가 없다.

전염병이 돈다는 보고를 받을 때마다 나폴레옹은 주변의 만류에 아랑곳없이 병원을 직접 찾아다녔다. 의사조차 진료를 꺼리는 환자의 손을 꼭 잡고 따뜻하게 위로했다. 그러면서 병에서 회복되려면 우선 병이 무섭다는 생각부터 버려야 한다는 말을 꼭 덧붙였다

의지력은 신체를 강하게 하는 강장제 역할을 하기도 한다. 의지력을 불어넣으면 다 죽어가던 사람조차 병상을 박차고 일어나 혁혁한 무공을 세울 수도 있다.

담당 의사에게서 얼마 안 있으면 죽을 것이라는 말을 듣자, 더글러스 제럴드(Douglas William Jerrold, 1803~1857, 영국의 작가, 극작가)는 "불쌍한 애들을 남긴 채 나더러 죽으라고? 안돼. 이대로 죽지 않을 거야!"라고 처절한 목소리로 외쳤다. 그는 자신에게 한 약속을 지키기라도 하듯 의사의 예상보다 훨씬 더 오래 살았다.

강철의지

An Iron Will

CHAPTER 5

성공을 부르는 강철의지

그대, 가난한 자의 아들이여. 무엇을 물려받았는가?

탄탄한 근육에 굳센 마음,

건장한 체격에 다부진 정신!

그 어떤 힘든 일도 능숙하게 해내는 두 손

이게 바로 왕도 부러워하는 그대의 유산이다.

— 제임스 러셀 로웰(James Russell Lowell, 1819~1891, 미국의 시인, 외교관)

누구에게나 밑천은 있다. 그래서 맨주먹으로 태어난 사람은 없다고 해도 지나친 말이 아니다. 진정한 부자는 누구인가? 돈만 많으면 부자인가? 아니다. 건강한 몸과 마음에서 우러나는 일할 의욕이 가득 한 사람, 명석한 머리에 올곧은 성격, 그리고 따뜻한 마음마저 갖춘 사람, 손과 발을 바삐 놀려 자기 본분을 다하는 사람. 이런 사람이 진정한 부자가 아닐까? 무엇이 더 필요한가? 우리에게 주어진 것만 잘 가꿔도 진정한 부자가 되기에 충분하다. 몸과 마음을 다해 열심히 일하면 재산이 저절로 굴러들어오는 법이다. 죽어라 노력하면 일궈낼 가치가 있는 필생의 일을 반드시 일궈낼 수 있을 것이다.

재미있는 놀이

키가 190센티미터에 이르고 체격이 건장했던 오스트레일리아의 제임스 타이슨(James Tyson, 1819~1898, 목축업자로서 오스트레일리아 최초로 자수성가한 백만장자)은 농장 노동자로 시작해서 고생 끝에 2500만 달러의 재산을 모았다. 생전의 타이슨은 돈 문제에 크게 개의치 않았다. 입버릇처럼 "내가 죽고 나면 뭐가 남을까? 돈이 남을까? 하지만 그때는 나와 돈의 인연은 완전히 끝나버릴 거 아냐? 그래서 지금 돈 때문에 아등바등하며 살아봤자 부질없는 짓일 것만 같아. 살았을 때 다 쓰고 죽는 게 더 나을 거야"라고 말하곤 했다. 그리고 손가락 마디를 누르며 우두둑 소리를 내며 한마디 덧붙였다. "사실 돈 버는 일은 별 거 아니었어. 재미있는 놀이 같은 거였지."

이때 "예? 재미있는 놀이였다고요?"라고 누가 물으면 그는 특유의 표정으로 상대방을 뚫어지게 바라보며 진지하게 대답했다. "사막을 개발하느라 씨름했던 일 말이네. 그게 내 평생의 업이었지. 나는 목초지를 조성하기 위해 사막에서

성공은 고통과 인내의 아들이다. 제임스 타이슨은 목축업자로 오스트레일리아 최초로 자수성가한 백만장자이다. 그는 농장 노동자로 시작해 2500만 달러의 재산을 모았다. 남들이 안 된다는 사막에 목초지를 조성하고 울타리를 쳤다. 결국의 그의 의지는 꿈을 현실로 만든 것이다.

죽을 고생을 했고 결국 해내고 말았어. 물이 흐르지 않던 곳에 물이 흐르도록 했고 모두 소를 기르기 힘들다며 고개를 절레절레 흔들던 곳에서도 소를 기를 수 있도록 했지. 울타리가 없는 곳에는 울타리를 쳤고 도로가 없는 곳에는 도로를 냈다네. 이제는 확고한 기반이 잡힌 일이지. 내가 죽으면 곧 잊히고 말겠지만 내 덕택에 여러 사람이 편하게 사는 일은 오래 갈 거야."

어떤 사람이 위대한 업적을 남겼는가? 스스로 노력하는 사람이지 않았는가? 하지만 주변을 둘러보자. 돈이 없다는 이유로 기죽어 지내며 아무런 목표 없이 빈둥대는 소심한 젊은이, 도는 힘 안들이고 출세할 행운이 찾아오지 않을까 하염없이 기다리고 또 기다리는 젊은이가 얼마나 많은가? 성공은 고통과 인내의 아들이다. 적당히 어르고 달래다고 해서 얻어지는 것이 결코 아니다. 성공하고 싶은가? 정당한 대가를 치러라. 조건이 아무리 불리해도 끊임없이 이겨나가야 한다. 쉼 없는 분투! 이것만이 성공을 위해 치러야 하는 대가이다.

엄청난 부를 쌓은 인물들

벤저민 프랭클린은 목표가 정해지면 놀랄 정도로 집요하게 매달렸다. 그는 필라델피아에서 인쇄업을 시작했는데 외바퀴 손수레를 끌고 거리를 오가며 손발이 부르트도록 인쇄물을 날랐다. 방 하나 얻어 거기서 먹고 자며 정말 부지런히 일했다. 그러던 중 인근에 강력한 경쟁자가 생겼다는 사실을 알게 되었고, 곧 그 사람을 자기가 사는 방으로 초대했다. 프랭클린은 방금 먹다 만 빵 한 조각을 가리키며, "이런 빵 한 조각만 있으면 나는 몇 날 며칠이고 충분히 버틸 수 있습니다. 당신이 나보다 더 독하게 살지 않는 한 나를 이기기 힘들 겁니다"라고 결연한 표정으로 말했다. 결국 프랭클린은 "우리와 싸우는 자는 우리의 용기를 북돋우고 우리의 능력을 길러준다. 우리의 적은 곧 우리를 돕는 자와 같다"는 에드먼드 버크(Edmund Burke, 1729~1797, 영국의 보수주의 정치사상가)의 말을 몸소 실천했던 셈이다.

가난한데다 변변한 친구 한 명 없던 청년 조지 피바디

(George Peabody, 1795~1869, 미국의 자선사업가)는 오래 걷다보니 몹시 지치고 허기가 졌으며 발마저 퉁퉁 부어올라 할 수 없이 뉴햄프셔주 콩코드의 한 여인숙에 무작정 들어갔다. 그는 주인에게 나무를 톱으로 다 잘라놓을 테니 하룻밤 숙식만 해결하게 해달라고 간절히 부탁했다. 일솜씨가 주인의 마음에 들었는지 그는 여인숙 일을 거들며 하루 세끼와 잠자리를 해결하며 지낼 수 있었다. 그는 이렇게 젊은 시절의 가난을 이겨냈다.

기드온 리(Gideon Lee, 1778~1841, 미국 정치인, 뉴욕 시장을 역임)는 어린 시절 신발 살 돈이 없어 한겨울에도 맨발로 일하러 다녔다. 그러면서 마음속으로 하루에 16시간씩 일하겠다고 스스로에게 다짐했고, 이 다짐을 철두철미하게 지켜나갔다. 일하는 시간을 다른 데 빼앗길 경우에는 잠자는 시간을 줄여서라도 채우려고 애썼다. 그는 결국 뉴욕시의 거상으로 성장했고 시장과 하원의원을 역임했다.

사업에서의 용기

점잖은 사업가 루스(Charles Broadway Rouss, 1836~1902, 사업가, 자선가)는 여러 주에 벌여놓은 사업이 이익을 내지 못한 탓에 고전하다가 그만 구속되고 말았다. 그는 감옥 벽에 "지금 내 나이는 마흔이다. 쉰이 되면 50만 달러를 벌고 예순이 되면 100만 달러를 벌겠다"고 써놓은 후 자신에게 주문을 걸듯 날마다 되뇌고 또 되뇌었다. 이 꿈은 실현되어 300만 달러 이상을 벌었다.

위플(Edwin Percy Whipple, 1819~1886, 미국의 수필가, 비평가)에 따르면, "사업가가 망하는 이유는 사업적인 재능이 부족하기 때문이 아니다. 두둑한 배짱이 없기 때문"이라고 한다.

최초로 대서양을 횡단하는 해저 전신 케이블을 설치한 사이러스 W. 필드(Cyrus W. Field, 1818~1892)는 젊은 나이에 막대한 재산을 모은 후 사업 일선에서 한 걸음 물러나 있었다. 어느 날 대서양 바닥에 전선을 깔면 유럽과 미국 사이의 전신이 가능할 것이라는 기막힌 생각이 떠올라 무릎을 탁 쳤다. 일단 실현 가능성이 있을 것처럼 보이자 그는 자기의 모든 힘을 여기에 쏟아부었다. 그러나 고난의 연속이었다. 맨 처음 뉴펀들랜드의 울창한 삼림을 뚫고 전선을 부설하는 일부터 쉽지 않았다. 게다가 의회가 반대하는 바람에 설득하는 작업도 병행해야 했다. 그러나 이후 본격적인 악전고투가 시작되었다. 처음 아가멤논호를 몰고 바다에 전선을 깔러 갔으나 부설장치 조작 미숙으로 한순간에 실패로 돌아갔다. 두 번째 시도에서는 바다에 깔린 전선이 중간에 끊어져 헛수고만 했다. 세 번째 시도에서는 미국과 유럽을 전선으로 연결하는 데까지는 성공했으나 전신 신호의 송수신이 원활하지 않아 결국 허사에 그치고 말았다. 이어 그레이트 이스턴호에서 새로 개발한 우수한 품질의 전선을 한껏 기대하며 깔았으나 허망하게 끊어졌다. 겨우 네 번째 시도에서 어렵사리 성공했다. 사이러스 필드의 강철의지가 헛되지 않았던 것이다. 그의 성공은 과학기술을 응용하여 문명을 발전시키겠다는 집념의 승리였다.

네 명의 뉴욕 언론인

일간지 〈뉴욕 트리뷴(New York Tribune)〉을 창간한 호레이스 그릴리(Horace Greeley, 1811~1872)는 가난한 농부의 아들로 태어나 열네 살 때 학교를 중퇴했다. 이때부터 독한 납 연기를 맡아가며 인쇄공으로 일하다 독립해서는 주간지 〈뉴요커(New Yorker)〉를 창간했다. 그리고 이를 발판으로 〈뉴욕 트리뷴〉을 창간해 한창 때에는 30만 부까지 팔리는 막강한 신문으로 키워냈다. 정계로 진출해서는 어린 시절의 고생을 거울삼아 노예제에 반대하고 노동자의 권익을 옹호하는 데 온 힘을 쏟았다. 교과서는 물론 명언집마다 빠지지 않고 실려 있는 그릴리의 인생 경험이 배어난 주옥같은 말을 보자.

"의무와 현재는 우리 것이며, 결과와 미래는 하나님 것이다." "명예는 수증기와 같고 인기는 한 순간이며 부는 언젠가 날아가 버리지만 인성만은 영원할 것이다." "서부로 가라, 청년이여. 서부로 가서 나라와 함께 발전하라."

제임스 브룩스(James Brooks, 1810~1873, 미국 하원의원)는 〈뉴욕 데일리 익스프레스(New York Daily Express)〉의 사주(社主) 겸

편집인을 역임하다 하원으로 진출해 명성을 떨쳤다. 소년 시절 그는 메인주의 한 작은 가게에서 사환으로 사회생활을 시작했다. 대학을 다니고 싶다는 간절한 열망에 사로잡혀 옷가방 하나 달랑 짊어지고 무작정 워터빌로 가서 워터빌 대학을 다녔다. 대학 졸업 후에도 형편이 별로 나아지지 않았던 그는 고향으로 돌아갈 때도 가진 것이라고는 옷가방 하나뿐이었으나, 결코 기가 죽지는 않았다.

제임스 고든 베넷(James Gordon Bennett, Sr., 1795~1872)은 40세 되던 해 전 재산 300달러를 투자해 신문 발행의 꿈을 품고 지하에 사무실을 얻었다. 그 안의 집기라고는 물통 두 개를 덧대어 이은 책상이 전부였다. 처음에는 혼자서 식자공, 발행인, 편집인, 교정인 역할에다가 배달원, 사환, 인쇄견습공 역할까지 하며 〈뉴욕 헤럴드(New York Herald)〉를 창간했다. 신문은 정해진 날에 꾸준히 발행되는 게 생명이라는 사실을 깨닫고 억척스레 일하며 발행 일정을 맞춰나갔다. 그 과정에서 온갖 시행착오를 거듭했음은 물론이다.

"패배란 무엇인가? 우리가 배워야 할 교훈, 더 나은 방향으로 가기 위한 첫걸음에 불과하다"는 웬델 필립스(Wendell

그릴리(위 왼쪽), 브룩스(위 오른쪽), 베넷(아래 왼쪽), 위드(아래 오른쪽). 이들은 뉴욕의 언론인으로 의지의 힘이 무엇인지 보여주었다. 가난, 학력, 실패는 핑계일 뿐이며, 굳센 의지는 역경을 이겨낼 수 있는 힘이라는 것을 몸소 보여주었다.

Phillips, 1811~1884, 미국의 변호사, 문필가로서 노예제 폐지에 헌신함)의 말은 처음 사업을 시작한 사람에게 딱 들어맞는 말일 것이다.

건장한 체격의 써로우 위드(Thurlow Weed, 1797~1882, 언론인, 휘그당의 지도자)는 〈올버니 이브닝 저널(Albany Evening Journal)〉을 창간하는 등 57년 동안 언론인 생활을 하면서 치밀하고 억센 성격으로 유명했지만, 그 이면에는 합리적이면서 다정다감한 면모도 상당히 있었다. 국가적인 중요 정책이 결정될 때마다 막후에서 비중 있는 역할을 했던 그는 고생스러웠지만 한편으로는 낭만적이기도 했던 자기의 어린 시절에 대해 이렇게 말했다.

"캐츠킬에서 학교를 얼마 동안 다녔는지 기억이 정확하지는 않습니다. 일 년 반은 분명 아니었고 아마 일 년 남짓 되었을 겁니다. 다섯 살이나 여섯 살 때 일이었으니까요. 어렸을 때부터 내 힘으로 무언가를 해봐야겠다는 생각이 막연히 들었습니다.

처음 했던 일은 설탕 만드는 일이었어요. 굉장히 애착이 갔던 일이었습니다. 지금도 설탕 수액을 받으며 밤낮으로 일했던 그 시절을 즐거운 기분으로 되돌아보곤 합니다. 겨울이면 폭설이 내렸지만 가난해서 신발 하나 못 신고 맨발로 지내야 했던 게 당시의 유일한 고통이었을 겁니다. 그래도 낡은 누더기 조각을 가늘게 찢어 발에 칭칭 감고서는 사방을 누비며 돌아다녔어요. 나무를 베고 수액을 모으면서 말입니다. 쌓인 눈이 녹아 맨땅이 군데군데 드러나는 봄이 되어서야 거치적거리는 누더기 발싸개를 벗어 던지고 맨발로 홀가분하게 돌아다닐 수 있었지요.

예나 지금이나 사탕단풍나무에서 수액을 뽑아내는 애들한테는 한가한 시간이 많았답니다. 이 남는 시간에는 책을 읽으면서 보내는 게 낙이었지요. 하지만 농사꾼이 태반이던 마을에는 성경책 빼고는 읽을 만한 책이 거의 없었습니다. 기회가 될 때마다 닥치는 대로 빌려봐야 했지요. 그러던 어느 날 5킬로미터나 떨어진 이웃이 아주 재미있는 책을 빌려와 보관하고 있다는 풍문을 듣게 되었습니다. 어떻게든 책을 빌려보려는 욕심에 맨발로 눈길을 헤치며 한 걸음에 달려갔어요. 달리다 눈 녹은 곳이 나오면 잠깐 멈춰 꽁꽁 언발을 손으로 주무르면서 호호 입김을 불어 녹였지요. 또 도

중에 통나무 울타리 옆으로 눈 녹은 길이 길게 이어진 곳이 있었어요. 거기를 따라 달릴 때 길에서 돈이라도 주운 것처럼 기분이 한껏 좋아졌지요. 아무튼 풍문으로 듣던 책이 다행히도 그 집에 있었더군요. 책을 찢거나 더럽히지 않겠다고 사정사정하며 빌려달라고 부탁했어요. 간신히 빌릴 수 있었습니다. 되돌아올 때 기분이 너무 좋아 젖은 발에 달라붙은 눈이 꽁꽁 얼어붙을 때까지 아무것도 느끼지 못했습니다.

당시 양초는 생필품이 아니라 일종의 사치품이었지요. 해가 떨어진 후 책을 읽고 싶으면 관솔불을 피워놓고 그 불빛 아래에서 엎드려 책을 읽어야 했습니다. 몸은 수수깡으로 만든 허름한 움막 안에 두고 머리만 진한 송진 냄새가 코를 찌르는 문 밖으로 내밀었지요. 내용을 거의 외울 정도로 빌린 책을 읽고 또 읽었습니다. 지금도 또렷이 기억하는 그 책 이름은 〈프랑스 혁명사〉였습니다."

위드는 이어 오논다가(Onondaga)의 주물 공장에서 일했다.

"내가 맡은 일은 주형에서 나온 자질구레한 주물을 직접 담금질하여 완성하는 일이었지요. 이 일은 밤낮이 따로 없었어요. 삼시세끼를 소금에 저민 돼지고기와 호밀이 섞인 옥수수 빵으로 때웠고 잠은 밀짚 더미 위에서 잤습니다. 용광로를 옆에 끼고 지내던 그 시절이 지금 생각해보면 그렇게 괴롭지만은 않았습니다.

그는 인쇄업을 배우러 〈올버니 아르고스(Albany Argus)〉로 옮긴 후에는 새벽 다섯 시부터 저녁 아홉 시까지 쉴 새 없이 일했다.

시작은 비록 초라했으나 끝은 창대했던 인물들

안팎의 수많은 역경을 극복할수록 삶의 의미는 더욱 고상해진다.

— 호레이스 버쉬넬(Horace Bushnell, 1802~1876, 미국의 성직자, 신학자)

위드와 그릴리처럼 젊은 시절 고생하다 강철의지로 극복하여 자수성가한 사람의 이야기는 드물지 않다. 세계 여러

점성술사 노릇을 하며 입에 풀칠했지만 기죽지 않고 천문학에 위대한 족적을 남긴 천문학자 케플러(위 왼쪽), 학창 시절의 가난을 이겨내고 생물 분류학을 창안한 식물학자 린네(위 오른쪽), 젊은 시절 밀린 학회 회비를 못 낼 정도였지만 운동법칙 등 물리학, 천문학에 위대한 업적을 남긴 뉴턴(아래 왼쪽), 정식으로 화학을 배울 기회는 없었지만 화학 발전에 큰 공헌을 한 데이비(아래 오른쪽). 이들의 강철 같은 의지가 없었더라면 세상은 지금과 많이 다를 것이다.

나라의 유명한 인물 중에도 젊은 시절에 겪은 가난을 딛고서 훌륭한 업적을 남긴 사람이 셀 수 없이 많다.

과학사에 길이 남을 천문학자 케플러(Johannes Kepler, 1571~1630)는 늘 가난과 불안증에 시달려야 했다. 궁여지책으로 입에 풀칠을 하기 위해 점성술사 노릇을 했다. 그렇지만 점성술은 천문학의 아들뻘이므로 부모인 천문학을 먹여 살리는 게 당연하다고 큰소리칠 만큼 기죽고 지내지는 않았다. 한 푼이 아쉬운 그의 처지에서는 손님이 무엇을 해달라고 하든 다해주어야 했다. 천문학 지식을 살려 달력을 만들어주는 등 돈 되는 일이라면 닥치는 대로 해냈다.

생물 분류학을 창안한 식물학자 린네(Carl von Linné, 1707~1778)는 학창 시절 지독히 가난해서 꼬깃꼬깃 접은 종이를 구멍 난 신발 밑창에 덧대고 다녔다. 친구에게 구걸하다시피 해서 끼니를 때운 적도 한두 번이 아니었다.

물리 법칙을 왕성하게 발견해나가던 젊은 시절의 10년 동안 아이작 뉴턴(Isaac Newton, 1642~1727)은 주당 2실링에 불과한 왕립학회 회비를 거의 내지 못했다. 보다 못한 몇몇 친구가 회비를 면제받게 해주겠다고 했으나 뉴턴은 자존심상

그러지 못하게 했다. 훗날 밀린 회비를 한꺼번에 다 냈다.

화학자인 험프리 데이비(Humphry Davy, 1778~1829)는 과학을 공부할 기회가 별로 없었지만, 기죽진 않았다. 일하던 약품 가게의 다락방에서 낡은 접시와 주전자, 쓰다 남은 병으로 실험하고 연구한 끝에 화학 발전에 지대한 공헌을 했다.

증기기관차를 발명한 조지 스티븐슨(George Stephenson, 1781~1848)은 단칸방을 전전하던 부모 슬하의 8남매 중 하나로 태어났다. 스티븐슨은 어릴 때부터 용돈 벌이를 위해 이웃집 소를 돌보는 와중에도 틈틈이 시간을 내 진흙으로 증기기관 모형을 만들어보곤 했다. 그럭저럭 만든 모형은 파이프가 들어갈 자리에 소나무 잔가지가 끼워져 있는 등 제법 그럴듯했다. 17살 무렵에는 아버지와 함께 화부로 일하다가 능력과 열정을 인정받아 증기기관을 관리하는 자리에 올랐다. 제대로 읽고 쓸 줄을 모르는 문맹에 가까웠던 스티븐슨에게는 증기기관이 고마운 스승이었다. 또래 직장 동료들이 휴일이면 카드놀이를 하거나 술집을 들락거리며 빈둥댈 때 스티븐슨은 증기기관을 분해하여 깨끗이 청소한 후이것저것 실험해보며 작동원리를 연구했다. 그가 증기기관차를 발명하여 유명해지자 빈둥대던 동료들은 도저히 이해할 수 없었다. '까막눈 스티븐슨이 증기기관차를 발명하다니! 운이 좋아도 너무 좋군'이라면서 뒷전에서 깎아 내리기까지 했다. 그러나 이 발명이 어째 운이었겠는가? 부단한 노력의 결과였지.

지금까지 살펴본 위인을 보라 공통점은 무엇인가? 불굴의 의지로 목표를 끈질기게 추구했기에 위인의 반열에 오른 것 아니겠는가?

누더기 옷 속에 숨겨진 재능

영국의 화가인 조수아 레이놀즈(Joshua Reynolds, 1723~1792)경이 로마에서 미술을 공부하던 시절 함께 공부하던 친구 중에는 애슬리(John Astley, 1720?~1787)라는 친구가 있었다. 어느 후덥지근하던 날 몇몇이 모여서 소풍을 갔다. 애슬리만 제외하고는 모두 겉옷을 벗었다. 친구들은 애슬리에게도 비웃는 말투로 옷을 벗으라고 여러 차례 권했다. 애슬리는 할 수 없이 겉옷을 벗었다. 순간 조끼 뒷자락에 그려진 거품을 일구며 떨어지는 장엄한 폭포 그림이 드러났다. 그는 얼마나 가난했던지 캔버스를 기워 만든 누더기 속옷을 입고 다녔던 것이다.

영국의 유명한 금속공예가 제임스 샤플레스(James Sharples, 1825~1893)는 젊은 시절 늘 새벽 세 시면 일어나 빌려온 책을 손으로 직접 베껴가며 공부했다. 힘든 하루 일을 끝마친 후에도 다음 날 작업 재료를 사오라고 심부름을 보내면 맨체스터까지 왕복 15킬로미터의 거리를 걸어서 갔다 왔다. 불평 한마디 하지 않았다. 게다가 대장간 주인에게는 되도록 힘든 일을 맡겨달라고 부탁하곤 했다. 쇠를 벼르는 시간이 오래 걸리면 그 동안 굴뚝 옆에 쌓아놓은 소중한 책을 마음껏 읽을 수 있어서였다. 샤플레스는 시간이 날 때마다 일분 일초도 흘려버리지 않고 알뜰하게 활용했다. 무려 5년 동안이나 작업 중 휴식 시간을 쏟아 훌륭한 작품을 하나하나 만들어나갔다. 그의 걸작 〈쇠를 벼르는 사람들(The Forge)〉의 모조품이 웬만한 집이면 다 있을 것이다. 확고한 목표를 세우고 강철의지로 실천해나갔기에 샤플레스는 금속공예가로서 명성을 떨칠 수 있었다.

어떤 노화백이 미켈란젤로(Michelangelo Buonarroti, 1475~1564) 라는 이름의 어린 애가 작업실에서 도자기, 붓, 이젤, 의자 등을 그리는 모습을 지켜보다, "저 애는 언젠가 나를 능가하고 말거야"라고 중얼거렸다. 신발이 없어 맨발로 다니던 이 어린 애는 불우한 환경을 딛고 일어서서 마침내 세계 제일의 거장 화가가 되었다. 미켈란젤로는 건축가, 조각가, 화가로서 불멸의 명작들을 남겼다. 성 베드로 성당을 건축했고 〈모세〉를 조각했으며 〈최후의 심판〉을 그렸던 것이다. 대영 박물관에 보관된 미켈란젤로의 자필 서신 중 하나에는 교황 율리우스 2세를 모델로 한 거대한 청동조각상을 제작하던 당시 볼로냐에 살던 남동생이 찾아오겠다고 하자 그가 극구 말렸다는 내용이 나온다. 침대 하나에서 세 명의 조수와 함께 자야 할 만큼 극도로 궁핍한 처지에 있었기 때문이다.

불굴의 의지라는 별,

늘 변함없는 모습으로

잔잔한 빛을 발하는 이 고요한 별이

그의 마음 한 구석에서 살며시 떠올랐다네.

의지력의 집중

성공하고자 마음먹은 사람들이 고생고생하다 실제로 성공한 이야기를 늘어놓자면 한도 끝도 없을 것이다. 열과 성을 다해 열심히 일하는 사람들은 지구가 자전을 멈추는 날까지 쉬지 않고 등장할 것이다.

어느 분야마다 천재 소리를 듣는 사람이 한둘은 꼭 있다. 능력만큼은 누구에 비할 바 없이 뛰어났으나 강철 같은 의지가 부족해서 결정적 고비를 못 넘긴 천재가 있는 반면에 열악한 환경에서 태어났지만 맡은 바 일에서 위대한 업적을 쌓은 천재도 많다. 이들은 입에 풀칠도 하기 힘든 처지에 굴복하지 않고 타고난 재능을 바탕으로 열심히 노력하여 마침내 그 이름을 역사에 남길 수 있었다. 만약 집념과 의지력이 없어 세상이 떠미는 대로 떠밀리기만 했다면 그저 그런 삶을 살다 갔을 것이다.

어떤 운명의 화살이 나에게 빗발치듯 쏟아져도

거뜬히 막아내고도 남을 널따란 방패처럼

영혼이 내게는 있노라.

불우한 운명이 내 것이 아니듯,

나 역시 불우한 운명의 것이 아니다.

무엇이 내 영혼을 지배하랴.

— 드라이든(John Dryden, 1631~1700, 영국의 시인, 극작가, 비평가)

강철의지

An
Iron
Will

CHAPTER 6

끈기, 끝까지 버티는 힘

확고하게 버텨라. 행운을 가져오는 변치 않는 요소는

저 옛날 튜튼족이 지녔던 순수하고 굳센 용기이다.

— 올리버 윈델 홈스(Oliver Wendell Holmes, 1809~1894, 미국의 의사, 교수, 저술가)

무슨 일을 하든 성공하려면 성공하는 데

얼마나 오래 걸리는지부터 알아내야 한다.

— 몽테스키외(Montesquieu, 1689~1755, 프랑스의 사상가·정치 철학자)

위대한 업적을 남긴 사람의 공통점은 무엇인가? 끝까지 버티려는 정신이다. 비록 어딘가 부족한 면이 있고 약점 투성이에 기행을 일삼더라도 성공한 인물에게 빠짐없이 나타나는 특징이 있다. 바로 끈질기게 물고 늘어지는 자세이다. 아무리 심한 반대에 부딪히고 극심한 좌절감이 엄습하더라도, 끈질긴 사람은 지치지 않는다. 장애 앞에 무너지지 않는다. 힘들고 괴로워도 결코 쓰러지지 않는다. 불운, 슬픔, 패배에 상처 입지도 않는다. 우리를 위대하게 만드는 것은 무엇인가? 총명한 두뇌, 풍부한 재산? 아니다. 끈질긴 노력, 일관된 목표가 우리를 위대하게 만든다. 고생이 안겨주는 상처가 온몸을 뒤덮어도 끝까지 참고 견딜 줄 아는 사람, 또는 재능만 믿지 않고 오히려 더욱 단호하고 끈기 있게 목표를 추구한 사람만이 달콤한 성공의 열매를 따 먹을 수 있다.

미국의 조류학자인 존 제임스 오듀본(John James Audubon,

존 제임스 오듀본은 489종 1,065마리를 435장의 그림으로 그려 『미국의 새들
(The Birds of America)』(전4권, 1827~1838)을 출판했다. 흔히 미국 조류학
의 아버지라고 부르며 미국에는 그의 이름을 붙인 유명한 자연보호 단체인 국
립오듀본협회(National Audubon Society)가 있다.

1785~1851)은 숲 속에서 여러 해 지내며 값을 따지기 힘들 만큼 귀중한 200여 점의 조류 그림을 그렸으나 생쥐가 갉아먹는 바람에 모두 잃고 말았다.

훗날 그는 "울화가 머리끝까지 치밀어 올라 근 한 달을 끙끙 속을 앓으며 지냈습니다. 그러다 결국 마음을 추슬러 훌훌 털어버리고 기운을 되찾았어요. 다시 총, 사냥 가방, 작품 묶음, 그리고 연필을 주섬주섬 집어 들고 숲 속으로 더 깊이 들어갔지요"라고 담담한 어조로 술회했다.

칼라일은 『프랑스 혁명사』를 집필하던 중 역사에 길이 남을 불운을 겪었다. 제1권의 집필을 끝내고 인쇄만 남긴 단계에서 그는 원고를 이웃집에 빌려주었다. 이웃집 주인은 원고뭉치를 거실 바닥에 놔두었는데, 하인의 딸이 난로 속에 집어넣어버리고 말았다. 칼라일은 이루 말하기 힘든 낙담에 그만 돌아버릴 것만 같았다. 그러나 그가 어디 쉽게 포기할 인물인가? 여러 달 동안 식음을 전폐해가며 수백 권의 참고문헌과 산더미 같은 초고 뭉치를 뒤져서 다시 쓴 끝에 불 속에서 한 줌의 재로 변한 처음 원고를 거의 그대로 되살려낼 수 있었다.

전진하라, 빛이 비칠 것이다

역사책을 슬쩍 들여다보기만 해도 가난과 불운을 이겨낸 숱한 영웅을 만날 수 있다. 또한 시련이 닥치면 기가 꺾인 채 헤매다가도 곧 가열찬 노력으로 극복해낸 평범한 인물 역시 쉽게 눈에 띈다.

아라고(François Jean Dominique Arago, 1786~1853, 프랑스의 수학자, 물리학자, 정치가)는 어느 날 제본하던 책의 표지 아래에서 쪽지 하나를 보았다. 달랑베르(Jean le Rond d'Alembert, 1717~1783)가 어떤 학생에게 보낸 쪽지였다. 그 안에는 "계속 전진하라. 쉬지 말고 전진하라. 어려움이 저절로 사라질 것이다. 뒤돌아보지 말고 전진하라. 한줄기 빛이 비칠 것이다. 이 빛은 점점 밝아져 자네의 앞길을 훤히 비춰줄 것이다"라는 말이 적혀 있었다. 아라고는 "쪽지에 쓰인 글을 스승으로 삼아 수학 연구에 더욱 몰두할 수 있었습니다"라고 쪽지에서 감회를 털어놓았다.

발자크는 작가가 되겠다는 집념이 없었다면 아버지의 경고성 말에 머뭇대기만 하다 변변한 대꾸 한마디 못했을 것이다.

　"문학하는 사람은 왕 아니면 거지가 되는 거 알고 있지?"

　"그럼요. 아버지."

　그는 주저 없이 시원하게 대답했다.

　"저는 왕이 되겠습니다."

　그날 이후 발자크가 다락방에 올라가 마음껏 글을 쓰며 지내도 아버지는 전혀 간섭하지 않았다. 10년 동안 가난에 시달리며 힘겨운 나날을 보냈다. 40권 째의 소설을 쓰고 나서야 겨우 무명작가 신세를 벗어날 수 있었고, 급기야 대문호의 반열에 올랐다.

　에밀 졸라(Émile François Zola, 1840~1902, 프랑스의 소설가이자 비평가)는 스무 살 전에는 철부지로 지냈으나 아버지가 죽은 후 엄마와 함께 파리로 이사해서는 가난과 처절하게 싸워야 했다. 졸라는 "아무것도 먹지 못하고 지내는 때가 잦아 이러다 자칫하면 굶어죽겠다는 생각을 수없이 했습니다. 근 한 달간 고기 한 점을 입에 대보지 못한 적도 있었어요. 사과 세 개로 이틀을 꼬박 버티기도 했지요. 추운 겨울밤에도 난로를 켠다는 것은 꿈조차 꾸기 힘든 사치였어요. 양초를 살

때면 행복감에 몸을 부르르 떨었습니다. 양초 불빛 아래에서 공부할 수 있었으니까요"라며 그 시절을 회고했다.

옥스퍼드 대학교에 다니던 시절 새뮤얼 존슨(Samuel Johnson, 1709~1784, 영국의 시인, 평론가)은 신발에 구멍이 나서 발가락이 삐져나온 채로 돌아다녀야 했다. 그러나 그는 누군가가 자기 문 앞에 몰래 갖다놓은 새 신발 한 켤레를 창문 밖으로 내던져 버렸다. 그가 런던에서 지내던 때 하루 9센트로만 생활하기도 했다. 13년 동안 가난에 시달리며 힘겹게 살았다.

존 로크(John Locke, 1632~1704, 영국의 철학자, 정치사상가)는 네덜란드에서 유학하던 시절 다락방에서 빵과 물만 먹으며 몇 날 며칠을 버틴 적도 있었다. 하이네(Heyne Heyne, 1797~1856, 독일의 시인) 역시 젊은 시절 잠잘 곳이 없어 책을 베개 삼아 외양간 바닥에서 잤다. 가난이라는 가시가 해리엇 마티노(Harriet Martineau, 1802~1876, 영국의 작가)의 가슴을 후벼 파지 않았다면, 뛰어난 작품이 쏟아지지 못했을 것이다.

에머슨은 어린 시절 흥미진진하게 읽어나가던 책의 두 번째 권을 읽지 못해 하루 종일 울며 보챈 적이 있었다. 언제나 돈에 쪼들리기만 하던 홀어머니가 순회도서관에서 책을 빌릴 돈 5센트조차 마련하지 못해서였다.

훗날 결혼해서 가정을 꾸린 에머슨은 부족한 것 없이 자란 자기 어린 아들을 바라보며 말했다. "불쌍한 녀석 같으니라고! 나처럼 어렸을 때 고생을 하지 않으니 잃을 것이 많겠구나."

교사 생활 중 쓴 글이 인기를 얻으면서 그는 생애 최초의 성공을 거두었는데, 돈을 벌어야 한다는 절박한 소망이 그 뒤에 숨어 있었다. 그래서인지 "목적을 달성하려는 확고한 의지만큼 인간의 주체성을 잘 보여주는 것은 없다. 친구가 변하고, 어울리는 무리가 바뀌고, 재산이 줄어도 확고한 의지만 있으면 희망을 잃지 않고 역경을 극복하면서 목적한 바를 이룰 수 있다"는 에머슨이 우리에게 들려주는 말의 울림은 남다르다.

"결코 성공할 수 없어."

소설 『작은 아씨들』로 유명한 작가인 루이사 앨콧(Louisa Alcott, 1831~1888)은 전성기 때 인세로만 20만 달러를 벌었다. 그러나 그녀가 작가의 꿈을 키우던 시절, 어느 날 〈애틀랜틱 먼슬리(The Atlantic Monthly)〉의 편집자 필즈(Fields)가 퇴짜 놓은 원고뭉치를 루이사의 아버지에게 건네주며 이런 말을 전했다. "루이사에게 교사 일을 그만두지 말라고 전해주세요. 작가로 성공하기 힘들 것 같습니다." 이 말을 전해 듣자 루이사 앨콧은 오기 넘치는 말투로 아버지에게 말했다. "기필코 작가로 성공해서 〈애틀랜틱 먼슬리〉에 작품이 실리도록 하겠다는 말을 필즈 씨에게 똑똑히 전해주세요."

얼마 후 그녀는 롱펠로우(Henry Wadsworth Longfellow, 1807~1882, 미국의 시인)에게서 에머슨 급의 시인이 아니면 쓰기 힘든 작품이라는 격찬을 들을 만큼 아주 빼어난 시를 〈애틀랜틱 먼슬리〉를 통해 발표하며 등단했다.

그녀는 죽기 전 일기에 "20년 전 내 능력이 되는 한 가족을 빚더미에서 벗어나게 해야겠다고 마음먹었다. 실제로 그렇게 되었다. 사채를 비롯한 모든 빚을 다 갚았다. 우리 가족은 이제 편히 먹고살 만하다. 아마도 내가 건강을 희생시킨 덕분인 것 같다"라고 그 동안 느꼈던 생각을 담담하게 늘어놓았다.

"불가능을 그 싹부터 잘라버린다."

피트(William Pitt, 1708~1778, 영국의 정치인, 수상 역임)는 "나는 불가능을 그 싹부터 잘라버린다"라고 단호하게 말했다. 미라보(Honoré Gabriel Riquetti Comte de Mirabeau, 1749~1791, 프랑스의 혁명가)도 "우리가 하는 일마다 실패를 거듭한다면 과연 우리에게는 사람이라는 소리를 들을 자격이 있을까?"라며 비슷한 취지의 말을 남겼다.

찰스 J. 폭스(Charles. J. Fox, 1749~1806, 영국 휘그당 정치인, 뛰어난 웅변가)는 "첫 번째 연설을 두드러지게 잘 해낸 청년이 있으면 내게 누군지 귀띔해 달라. 이런 청년은 처음 거둔 성과에 우쭐하여 만족한 채로 지내기 십상이다. 하지만 첫 번째 연설은 그저 그랬으나 좌절하지 않고 꾸준히 노력하는 청년을 보면 당장 내게 소개시켜 달라. 처음부터 잘한 청년보다는 처음에는 서툴러도 시간이 지날수록 나아지는 청년을 적극 밀어주고 싶다"며 꾸준한 노력의 중요성을 강조했다.

리처드 코브던(Richard Cobden, 1804~1865, 영국의 자유주의 정치인)은 맨체스터의 어느 강연회에서 난생 처음 대중연설을 했으나 말을 더듬거리고 횡성수설하다 연설을 중단하고 말았다. 당장 때려치우라는 고함 소리, 야유하는 휘파람 소리가 시끄럽게 뒤덮었다. 오죽했으면 사회자가 울먹이는 목소리로 애걸하듯 사과해서 겨우 진정시켰을까? 그러나 그는 처음 연설에 실패했다고 해서 주저앉지 않았다. 영국의 빈민이 크고 맛있고 값싼 빵을 먹을 때까지 뼈가 가루가 되도록 헌신하겠다는 각오로 영국 각지를 돌아다니며 쉴 새 없이 연설을 했다. 급기야 명연설가로 손꼽히는 정치인으로 되었다.

청년 디스레일리(Benjamin Disraeli, 1804~1881, 영국의 정치인, 2차례 수상 역임)는 유대인 상인 가문 출신으로 어렸을 때부터 극

디즈레일리는 유대인으로 어린 시절부터 심한 박해와 무시를 당했다. 그러나 그는 세 차례에 걸쳐 영국 재무장관을 지냈고, 수상 자리에 두 차례나 올랐다.

심한 박해와 무시를 겪었다. 그러나 빈털터리 신세에서 출발해서 중산층으로 올라섰다가 드디어 수상 자리까지 정복했다. 윌리엄 글래드스턴(William Ewart Gladstone, 1809~1898)과 번갈아 가며 전 세계에 최고의 정치적, 사회적 영향력을 누리는 자리에 두 차례나 올랐던 것이다. 그가 초선 의원으로서 하원에서 처음 연설했을 때 비난과 묵살, 조롱과 야유의 분위기가 의사당 안을 휩쓸었다. 그러나 그는 비장한 표정을 지으며 "당신들이 내 말을 귀담아 들을 날이 올 것이오"라고 예언하듯 말해서 좌중을 제압했다. 훗날 이 예언은 그대로 실현되었다.

링컨이 청년 시절에 발휘했던 잠재력을 보라! 얼마나 대단했는가? 벌목공, 종지기, 대학교 청소반장을 거치며 고생한 가필드(James Abram Garfield, 1831~1881, 미국의 20대 대통령)의 잠재력 또한 링컨에 못지않았다.

끈질긴 목표

　행운, 기회, 재능, 천재성, 명석한 두뇌, 반듯한 예의를 갖춰야 성공을 거머쥘 수 있다는 이야기를 귀 따갑게 듣는다. 우연이 뒤따라야 겨우 잡을 수 있는 행운과 기회를 제외하면 나머지는 성공을 불러오는 필수적인 요소이다. 그러나 이 모든 것을 겸비했더라도 확고부동한 목표와 목적이 뒤따르지 않는 한 누구도 성공을 장담하지 못한다. 무수한 사람이 남을 따라하듯 사업에 뛰어들고 단체에 가입한다. 정치에 발을 들여놓기도 하고 허황된 환상을 품고 종교에 푹 빠져들기도 한다. 이런 경우 순풍이 불고 밀물이 밀려오듯 만사가 순조롭게 흘러가면 그런대로 괜찮다. 그러나 역풍이 불고 썰물이 빠지듯 일이 제대로 풀리지 않으면 하나부터 열까지 만사가 어그러지게 된다.

　"평생을 부평초처럼 이리저리 떠다니듯 살아가는 사람이 많다. 이들이 하는 일의 성패는 시시각각 변하는 주변 상황에 의해서만 결정될 뿐이다. 이럴 바에는 다른 일을 찾아하거나 아예 아무 일도 하지 않는 편이 더 낫다"라고 말하며 줏대 없이 흔들리는 사람을 질타했다. 능력과 재능이 뛰어나서 성공한 사람이라 해도 무언가 부족한 점이 있기 마련이지만, 그래도 한 가지 공통적인 특징이 있다. 그것은 시작한 일을 끝까지 물고 늘어지려는 근성과 끈기이다.

이른 나이부터 똑똑하다는 소문이 자자하고 또래보다 한참 앞서가는 젊은이가 간혹 눈에 띈다. 그러나 다부지고 집요한 근성이 없으면 나이를 먹어갈수록 성공의 끈을 차츰 놓치고 만다. 출중하고 유능한 음악가, 미술가, 교사, 변호사, 의사의 자질을 갖춘 사람도 드물지 않다. 하지만 끈기가 없는 한 자질로 그칠 뿐 실제로 그렇게 되지는 못한다. 잔뜩 부풀어 오른 주변의 기대를 일거에 저버리고 만다.

목표를 끈질기게 추구하면 묘한 마력이 생긴다. 남이 나를 믿고 따르게 만드는 힘이 생기는 것이다. 누구든 한 번 결심하면 쉽게 변하지 않는 사람을 신뢰하기 마련이다. 이런 사람에게 어떤 일을 맡기면 절반 이상 성공한 것이나 다름없다. 누가 시키지 않았는데도 주변 사람이 자발적으로 나서서 아낌없이 힘을 실어주기 때문이다. 걸림돌을 디딤돌로 바꿔놓는 사람, 패배를 두려워하지 않는 사람, 심한 중상

모략에 시달려도 책임진 일에서 한 발짝도 물러서지 않는 사람. 이런 사람에게 맞서봐야 득이 될 게 없다는 사실을 누구나 본능적으로 깨닫는다. 책임을 회피하지 않는 사람, 아무리 거센 파도가 일고 세찬 폭풍우가 몰아친다 해도 목표라는 북극성에 나침반을 맞춰놓고 자로 잰 듯 나아가는 사람에게 누가 감히 맞설 수 있는가?

끈질긴 사람은 성공할까 못할까를 걱정하느라 하던 일을 멈추지 않는다. 오로지 목표를 향해 힘차게 밀고 나가는 방법 혹은 한 걸음이라도 더 가까이 목표에 다가갈 수 있는 방법만을 고민할 뿐이다. 목표까지 가는 길에 산이 놓여 있든 강이 놓여 있든, 또는 늪이 놓여 있든 상관없이 목표에 도달하고 만다. 눈에 들어오는 것은 목표일 뿐 절대로 좌고우면하지 않는다.

어느 나라의 역사책을 보든 약간 우둔하거나 평균 수준에 지나지 않는 젊은이는 성공하는 반면에 똑똑하다고 소문난 젊은이는 실패한 사례가 수없이 나와, 놀라움 반 안타까움 반의 탄성을 저절로 입 밖에 뱉어낼 때가 있다. 그러나 좀더 면밀하게 살펴보라. 겉보기에는 우둔한 젊은이라 해도 그 속에는 다부진 의지력이 똬리를 틀고 있었다는 사실을 알 수 있다. 이들은 무엇이 뒷덜미를 낚아채든 힘차게 뿌리치고서 목표를 향해 묵묵히 돌진했던 것이다.

세 가지 필요한 것

찰스 섬너(Charles Sumner, 1811~1874, 미국의 정치인)는 "성공하려면 세 가지가 필요하다. 그 첫째는 근성이요, 둘째도 근성이요, 셋째도 근성"이라고 근성의 중요성을 침 튀기며 강조했다.

좋은 기회만 있어서는 아무 소용없다. 아무리 많이 배웠다 해도 단호하고 굳은 결심과 체력으로 무언가를 이뤄내지 못하면 쓸모없다. 시작이 아무리 좋았다 해도 근성이 없으면 끝이 안 좋아지는 법이다. 역경에 맞서 늠름하게 버티고 서지 못하는 사람, 시종일관 주저하는 사람, 줏대가 없는 사람, 자기 머리로 생각하지 못하는 사람. 이런 사람은 이 세상에서 별 쓸모가 없다. 기개, 근성, 올바른 도덕성과 용기만이 필요할 뿐이다.

국왕을 도와 프로테스탄트 교도를 제거하자는 요청을 거절했다는 이유로 영국 국교회 소속 7인의 주교가 재판을 받게 되었다. 12명의 배심원 모두 합의에 도달할 때까지 식음을 전폐하며 끝장 토론하자고 합의했다. 이때 전혀 엉뚱하게도 법정의 문지기가 주목받는 대상으로 떠올랐다. 문지기가 혹시라도 음식을 몰래 갖다 주면 합의가 수포로 돌아갈 게 분명했기 때문이다. 세수할 물을 제외한 그 어떤 물조차도 반입이 허용되지 않았다. 몇몇 배심원은 심한 갈증을 못 이겨 그 세수할 물까지 마셔버렸다. 먼저 9명이 무죄 평결을 내렸고 3명이 유죄 평결을 내렸다. 그러나 유죄 평결을 내린 소수파 세 명 중 두 명은 곧 무죄 평결로 번복했다. 그러나 그 중 세 번째 배심원 아놀드만은 완강했다. 그는 어떤 토론도 거부했다. 무죄를 주장하는 다수파 대표 오스틴이 그에게 말했다. "이봐, 나를 보게. 12명의 배심원 중 내가 가장 체구가 크고 체력도 강하네. 자네가 이 터무니없는 중상모략 사건에 대한 탄원서에 서명할 때까지 나는 여기서 기다리겠네. 내 몸이 담뱃대만큼 줄어드는 한이 있더라도 말이야."

아놀드는 결국 새벽 6시에 굴복하고 말았다.

시련을 뚫고 일궈낸 성공

그렇다.

내가 그 동안 끈질기게 머리에 떠올렸던 바로 이 생각에

진실이라는 도장아 콱 찍히는구나.

매일 새로운 자유를 추구하며 사는 사람만이

진정한 자유를 누린다는 생각 말이다.

— 괴테(Johann Wolfgang von Goethe, 1849~1832)

어빙(Washington Irving, 1783~1859, 미국의 수필가 겸 소설가)은 "자기 할 일을 꿋꿋하게 해내며 가로 놓인 장애물을 거침없이 넘어서고, 설사 걸려 넘어졌다 해도 곧바로 우뚝 일어서는 사람들이 있다. 이들을 바라보노라면 흐뭇한 기분을 감추기 힘들다"고 말하며 꿋꿋한 의지를 찬양했다. 상황이 어려울수록 오기가 더 솟구치기 마련이다. 반대가 심할수록 의욕

이 더 솟아나는 법이다. 인생에는 수많은 고비가 있다. 아무리 힘든 고비라도 하나하나 극복해나가라. 저력이 생겨 태산처럼 험준한 고비도 거뜬히 넘을 수 있을 것이다. 당장 역사책을 뒤져봐라. 그 안에는 치욕, 가난, 불운을 확고한 강철 의지로 만회한 사람들 사례가 얼마나 많은지 놀랄 것이다.

어떤 일을 해낸 결과만을 기준으로 성공을 재단해서는 안 된다. 얼마나 힘든 상황에 부딪혔는지, 힘든 상황을 이겨내면서 용기를 얼마나 발휘했는지가 성공의 잣대가 되어야 한다. 달리기 시합에서 달린 거리만을 보고서 상을 주어서는 안 된다. 달리면서 어떤 장애물을 넘어섰는지, 몇 번 넘어졌다 몇 번 일어섰는지를 기준으로 등수를 매겨야 한다.

헨리 워드 비처는 "이가 북북 갈리도록 분한 패배야말로 연골이 근육으로, 물렁뼈가 차돌로 될 만큼 사람을 단련시켜 천하무적의 힘을 발휘하게 한다. 현재 세상을 지배하는 영웅호걸 중 뼈저린 패배를 한 번도 겪어보지 않은 사람은 누가 있는가? 패배를 두려워하지 마라. 명분 있는 패배를 겪을수록 승리를 향한 길이 더욱 가까워질 것이다"라고 패배의 숨은 의미를 정리했다.

개성이 강하고 박력이 넘치는 인물이었던 뉴욕 주지사 휘트먼(Charles S. Whitman, 1868~1947, 41대 뉴욕시장 역임)은 지난 삶을 되돌아보며 우리가 삶의 지표로 삼을 만한 말을 했다. "만약 내 인생의 기록에서 스무 가지 창피한 행동을 지울 수 있다면 무엇을 지워야 할까요? 터무니없는 실수, 누구나 저지르기 마련인 멍청한 짓, 남의 불만을 샀던 행동 등을 지워야 할까요? 아닙니다. 이런 부끄러운 일들은 결국에는 내게 이득이 되었던 것이므로, 절대로 지워서는 안 될 겁니다. 내 생각은 이렇습니다. 우리는 굴욕 덕분에 한층 더 강해지고 고난 덕택에 더욱 더 단련된다, 그러므로 실패의 기록은 남기고 성공의 기록은 지워야 한다는 겁니다. 살면서 힘겨운 고비를 만날 때마다 이런 생각이 내게 많은 힘을 주었습니다."

채닝(William Ellery Channing, 1780~1842)의 말을 들으며 이야기를 끝맺겠다. "시련, 위험, 고통이 불 보듯 뻔히 예상되는 상황이 닥칠 때가 있다. 이럴 때면 누구나 그저 피해가려고만 한다. 오로지 순조로운 미래, 따뜻한 격려의 말을 던지는 친구, 확실한 성공만을 원한다. 또한 하늘에서 혹시 구원의

밧줄이 내려오지나 않을까 헛되이 바라기도 한다. 그러나 우리 앞길에는 언제 고난이 폭풍처럼 몰아닥칠지 모른다. 그 어딘가에 적의에 찬 눈빛으로 우리를 잡아먹을 듯 달려들 사람들도 숨어 있다. 게다가 온몸을 마비시키는 고통이 찾아올 때도 있을 것이다. 이런 게 하나님의 섭리이다.

우리가 과연 정해놓은 삶의 목적에 따라 살아갈 수 있는지, 혹은 우리의 정신력이 얼마나 강해질 수 있는지는 시련과 불운을 어떻게 활용하느냐에 달려 있다. 시련은 우리의 열정을 승화시키고 숨겨진 능력과 장점을 드러나게 한다. 불운도 가끔 우리의 새로운 힘을 깨닫게 한다. 시련은 인생에서 빼놓을 수 없는 요소이다. 시련에 맞서서 이겨나가는 것이야말로 우리가 진정으로 해야 하는 일이다.

살다 보면 내 뜻과는 정반대의 괴로운 상황이 벌어질 때, 또는 주변 사람의 반대가 심해 뭐 하나 제대로 하기 힘들 때가 있다. 시대의 변화를 도저히 따라가기 힘들 때도 있다. 그러나 이런 때일수록 낙심은 금물이다. 마음속 깊은 곳의 잠재 능력, 막강한 하나님의 힘을 믿고 삶의 목적이 무엇인지 다시 한 번 확인하며 차분하게 의지를 다져나가자. 저절로 자기 수양이 이루어질 것이다. 제 아무리 위대한 업적, 훌륭한 일이라 해도 시련과 짝을 이루지 않으면 그 빛이 바라는 법이다."

인생이라는 바다에 큰 폭풍우가 몰아칠 때
안전한 해변에서 하나님이 구원해주시지 않을까
가만히 기다리지 말고
몸과 마음을 다해 힘껏 헤쳐 나가라.
칼바람이 불어와 바늘처럼 살을 찌를 때
두꺼운 옷으로 온 몸을 가려
그 신성한 힘, 그 신성한 목적을 무시하지 말고
온 신경을 곤두세우며 견뎌내라.

— 휘티어(John Greenleaf Whittier, 1807~1892, 미국의 시인)